# 鈴木敏文の「話し下手でも成功できる」

セブン-イレブン流「**感情経済学**」入門

勝見 明
Katsumi Akira

プレジデント社

# 鈴木敏文氏が語る顧客を知るための「65の提言」

# 鈴木敏文氏が語る顧客を知るための「65の提言」

# はじめに

## ◆なぜ、あがり症で人見知りでも成功できるのか

日本最大の流通グループ、セブン&アイ・ホールディングスを率いる鈴木敏文・代表取締役会長兼CEO（最高経営責任者）は一見、矛盾する二つの顔を持っている。

一つは、「あがり症で人と面と向かって話すのが苦手な人間」という顔だ。鈴木氏は小さいころから極度のあがり症だった。詳しくは本文で述べるが、いまも人と面と向かって話すのは得意ではないという。

長年、流通業にかかわりながら、営業や販売の経験がなく、一度、店舗の応援にかり出されたときも生来の人見知りが顔に表れ、上司から「お前が立っているとお客にケンカを売っているみたいだ」といわれる始末だった。

それでいながら、徹底して顧客の心理を読む「心理学経営の達人」としての顔も持っている。余人には気づかない人間心理のひだを読み取る独特の感覚で、数々の事業や商品を成功に導いてきた手腕から「流通の神様」とも呼ばれる。

あがり症で人と面と向かって話すのが苦手な人間がなぜ、心理学経営の達人になれるの

だろうか。

　普通、人と面と向かって話すのが苦手で営業も販売も経験がないとなれば、流通企業には向かないはずだ。実際、鈴木氏はかつて社内で新しい提案をするたびに、まわりから「営業も販売も経験していない人間に何がわかるか」といわれ反対された。

　しかし、鈴木氏は営業も販売も経験がない分、逆に「売り手の理屈」ではなく、自分の中にある「買い手の心理」を呼び起こしてものごとを考える発想を身につけた。そして、既存の常識を打ち破る事業や商品を次々に発案し、ヒットへと導いたのだった。

　たとえ、あがり症、人見知り、人と面と向かって話すのが苦手、話し下手……といった弱点があっても、何ごとも「顧客の立場で」考える発想を身につけ、顧客の心理を読む能力を持てば、それが強みとなり、成功にいたることができる。

　いまは未曾有の不景気が消費者の心理を冷やし、財布のヒモがかってないほど固くなり、そう簡単には商品を買ってもらえない。売り手はややもすると「保守的な心理」に陥り、守りの姿勢に入りがちだ。しかし、不景気だからこそ、もう一度、人間の本質に立ち返り、顧客の心理を読む必要があると、鈴木氏はいう。

**「資本主義社会は何によって成り立っているかと考えると、根源的には人間の欲望です。それは好況時でも、不況のときでも同じです。よりおいしいものを食べたい、よりよいところに住みたい、よりいいものを着たい……欲望がなくなったら、人間社会そのものが成**

り立ちません。着るものにしても、多くの人がみんなの仲間入りをして外れたくない、あるいは、自己差別化して自分を目立たせたいという欲求を持っていて、この欲望に合致するものや、欲望を刺激するきっかけがあれば、人はそれを買う。これが人間の心理です。それは不況下でも変わりません」

不況下のいまこそ、顧客の心理をつかみ、刺激する心理学経営の実践が求められている。それにはまず、売り手自身が「保守的な心理」から抜け出さなければならない。そして、一歩前に踏み込んで仕事に取り組めば、不況下であっても買い手の「冷え込んだ心理」を解きほぐすことができる。

それにはどうすればいいのか。日本で最も顧客の心理に沿った経営を実践してきた鈴木流心理学経営の真髄を伝授するのが、本書の第一のねらいだ。

**◆なぜ、話し方や伝え方が大事なのか**

本書の内容を簡単に紹介しておこう。次のような三部構成になっている。

**Ⅰ部　話し下手でも成功できる**
**Ⅱ部　商売は感情で動く**
**Ⅲ部　自分の中の「保守的な心理」を克服する**

以下、概略を説明すると——

**【Ⅰ部　話し下手でも成功できる】**

Ⅰ部ではまず、鈴木氏が日ごろから実践している「話し方」「伝え方」の極意を紹介する。鈴木氏は生来、人前で話すことが苦手であった分、自分の伝えたいことが相手に本当に伝わるように常に心がけ、「話の名手」として知られるようになった。

その話し方、伝え方のコツは、「借り物の言葉を使わず、知っていることだけを話す」「身近な事例や例えを盛り込む」……等々、誰でもできることばかりだ。

なぜ、話し方、伝え方が大切なのか。一歩踏み込んで仕事に取り組むときは、相手に取り組む内容を理解してもらわなければならない。まわりの協力も必要だ。難しいのは、相手が容易にこちらの話に耳を傾けてくれなかったり、相手が自分とは反対の考えを持っていたりする場合だ。

それはたいてい、相手が保守的な心理にはまっていることが多い。なぜ、人は保守的な心理に陥りがちなのか。そのからくりもⅠ部で解き明かす。

相手の心理を知れば、効果的な話し方や伝え方、相手の心理を解きほぐすやり方が見えてきて、成功へと一歩近づけるという構成だ。

**【Ⅱ部　商売は感情で動く】**

Ⅱ部では一転、この不況下で顧客の冷え込んだ心理をどのように刺激し、商品を買ってもらうか、商売の最前線に話を移し、鈴木流心理学経営の真骨頂に迫る。

消費が低迷するなか、鈴木氏の発案によりイトーヨーカ堂（鈴木氏が代表取締役会長、CEOを兼務）が新たに業態開発した生活応援型ディスカウントストア「ザ・プライス」はなぜ、成功したのか。

鈴木氏が考案し、その後、他社が追随した「現金下取りセール」や「キャッシュバック」などのキャンペーンはどのようにして消費者の心理を解きほぐしたのか。セブン－イレブン（やはり鈴木氏が会長、CEOを兼務）の弁当類は逆風化にあっても、同業他社と比べ、なぜ支持を得るのか。すべての答えは顧客の心理の中にある。

**【Ⅲ部　自分の中の「保守的な心理」を克服する】**

先行きが不透明ななかで成功をつかむには、いまいる場所に踏みとどまらず、一歩踏み込んで新しいことに挑戦しなければならない。しかし、人は自分のことになると自らを守ろうとして保守的な心理に陥りがちだ。

その一方で、誰もが自己啓発力を持ち、挑戦する力を潜在的に有している。自分の中の保守的な心理を打破し、仕事で大きな成果を上げるにはどうすればいいのか。

Ⅲ部では、数々の実践例をあげながら、鈴木流の「働き方・生き方」を紹介し、鈴木氏が提唱する「ブレイクスルー思考」をわかりやすく解説する。過去や現在の延長ではなく、未来の可能性から力を得て、目の前の壁を突破するのがブレイクスルー思考だ。

### ◆鈴木流心理学経営をいま注目の「行動経済学」で裏づける

本書のもう一つの特徴は、鈴木流心理学経営を経済学の新しい分野である「行動経済学」によって裏づける個所が随時登場することだ。

行動経済学は、人間の判断や行動に心理や感情が深く関係していることに着目し、理論化したもので、「感情経済学」とも呼ばれる。景気が低迷し、個人の消費が心理によって左右される度合いが高まるなかで、にわかに注目を浴びている。

鈴木氏は行動経済学が注目される以前から、消費者の判断や行動は心理や感情に左右されることを重視し、日々、顧客の心理に応える経営を実践してきた。その意味では行動経済学は、鈴木流心理学経営が理論的にも正しいことを立証したともいえる。

本書は、鈴木流心理学経営が行動経済学のどのような理論や法則と合致するのかそれぞれ指摘しながら、心理学経営の具体的な実践法と理論とを同時に学べるような構成になっている。

＊

著者はこれまで、『鈴木敏文の「統計心理学」』『鈴木敏文の「本当のようなウソを見抜く」』の二冊で希代の経営者の脱常識の経営手法の真髄を解き明かし、両著合わせて累計販売部数は二十数万部を数え、中国、韓国、台湾でも翻訳され、好評を博した。第三弾にあたる本書は、鈴木流心理学経営の総決算にあたる。

「彼を知り、己を知れば、百戦あやうからず」とは、孫子の言葉だが、仕事の相手や顧客の心理を知り、自らの心理を知れば、不確実な世の中でも挑戦する道筋が見えてくる。

逆風下であるほど、挑戦が求められる。誰もが持つ自己啓発力を呼び覚まし、挑戦する力を引き出したいとの思いの一点で著者は筆を進めた。その思いが伝われば、望外の幸せである。

二〇一〇年三月

勝見　明

# 鈴木敏文の「話し下手でも成功できる」［目次］

# 第3章

# 人はなぜ、「長期的な利益」より「目先の楽さ」を大きく感じてしまうのか

## 第5章 どうすれば顧客の満足度を高められるか

# Ⅲ部 自分の中の「保守的な心理」を克服する

## 第6章 ブレイクスルー思考で新しい自分に挑戦する

# 第7章 常に懸命であれば「行き当たりばったり」の生き方でもかまわない

ブックデザイン◉竹内雄二
帯写真撮影◉尾関裕士

# 第I部

# 話し下手でも成功できる

第1章

# どんな「話し方」をすれば、相手に伝わるのか

## ◆居眠りをしている社員を叱って起こしてでも伝える

「君たち、わかったね」

「(わかり)ました!」

演壇に立ち、講話を行うのはセブン‐イレブン・ジャパンを創業し、国内総店舗数一万二七四三店(二〇一〇年三月現在)の巨大コンビニエンスストア・チェーンをつくりあげた鈴木敏文氏(代表取締役会長兼CEO)だ。場内を埋め尽くすのは、全国各地の現場店舗で経営相談にあたる約一七〇〇人のOFC(オペレーション・フィールド・カウンセラー=店舗経営相談員)たちだ。

話がひと区切りつくたびに「わかったね」と念を押すのは、鈴木氏の口癖だ。すると、

場内から「わかりました！」の返事の声が湧き上がるのだが、声の勢いで「ました！」とだけ聞こえる。これが、東京・千代田区二番町にあるセブン－イレブン・ジャパン本部で隔週に開かれる、関係者以外、原則的に立ち入りを許されないFC会議の光景だ。

会議は一日がかりだが、参加者たちが最も神経を集中させるのが、トップ自らコンビニ経営の基本について繰り返し語る会長講話だ。創業以来千数百回を数える。

経営の基本が実践されず、それが数字に表れれば、きつい叱責の声が壇上から飛ぶ。遠隔地のOFCは前泊して参加する。日ごろの疲れが出て、中には居眠りをしてしまうものもいる。鈴木氏は、本人に声をかけて目を覚まさせ、それでも居眠りが繰り返されると退出を命じることもある。同時に、こう自問するという。

**「なぜ、居眠りをするのか。もしかして自分の話し方がまずいのだろうか……。私自身、話しながらその場でいろいろ考え、ならば、こんな話をしてみようと工夫します」**

ときに語気を荒らげながら、あるいは、話し方を適宜工夫しながら語るのは、伝えるべきことをきちっと伝えることへの強いこだわりがあるからだ。

## ◆少年時代は極度のあがり症だった

鈴木氏は会長講話のほかにも社内外で数多くの講演をこなし、話し方の名手として知られる。ズバリ核心を突き、聞き手に飽きるひまを与えない本音の語り口は折り紙つきだ。

ところが、意外にも、「子供時代は極度のあがり症で人見知りがひどかった」と本人はこう打ち明ける。

**「小学生のころなんか、家では本を読めるのに、教室で指名されると頭の中が真っ白になって読めない。これでは駄目だと中学では弁論部に入りました。忘れられないのは地域の弁論大会です。演壇で話はできても客席を見ることができなくて、ずっと窓の外を見ていました。三位に入りましたが、審査員からは、論旨もいい、言葉もはっきりしていたが、問題は外を見てしゃべっていることだと。**

**いまでも基本的には人見知りで、初対面の人と話すときはあがってしまう。一対一で会話や雑談をするのは本当は苦手で、三〇分も話しているとネタがなくなってしまって、何を話していいかわからなくなってしまいます」**

そんな鈴木氏になぜ、聞き手を引き込むような話ができるのか。それは、「みんなに理解してもらいたい」という思いが強いからだという。

話術が巧みな人はなまじ自信がある分、自分の話は相手に伝わっているはずと思いがちだが、それは「話し手の思い込み」にすぎなかったりする。それに対し、人前で話すのが苦手という〝ハンディ〟があるからこそ逆に「聞き手の立場で」考え、どうすればより伝わるかを考えるようになる。鈴木氏はいう。

**「みんな聞いてくれているかいないか。もし、興味がなさそうだったら、興味が湧くよう**

にするにはどうすればいいかを考える。私だって、退屈な話は聞きたいと思いませんから」

鈴木流経営学の基本は、すべてにおいて「売り手の思い込み」ではなく、「顧客の立場で」考えることにあり、そのために、自分の中にある顧客としての心理を掘り起こす。同様に講演や講話のときにも、自分も持っている聞き手としての心理を呼び覚ます。常に「聞き手の立場で」話すことを基本とする鈴木流の話し方や伝え方。独白の経営学を末端まで浸透させるその真髄を見てみよう。

鈴木敏文の話し方説法①

# 借り物の言葉を使わず、自分が知っていることだけを話す

## ◆人前であがらないコツ

最初にこの証言から聞いていただきたい。

「昔、システムエンジニアをしていたときに親父にこう聞いたことがあるんです。僕も仕事柄、大勢のお客の前で製品について話をすることがあって、ものすごく緊張する。親父はよく講演をしているけれど、どうすればあがらないのかと。ひと言、こういわれました。

そんなの簡単だ。自分の知らないことをしゃべるからあがるんだ、と。確かに親父の講演を聞くと、難しい言葉は一つもないんです」

こう話すのは鈴木氏の次男でセブン&アイ・ホールディングスのグループ企業で、ネット通販事業を行う「セブンネットショッピング」の代表取締役社長、鈴木康弘氏だ。富士通のシステムエンジニアからソフトバンクに転職後、書籍やCD類のインターネット販売を行う「セブンアンドワイ」（創業時はイー・ショッピング・ブックス）を自ら起業した。

セブンアンドワイはその後、セブン&アイ・ホールディングスの子会社となり、さらに〇九年一二月からはセブンネットショッピングと社名変更し、セブン&アイグループとしてネット通販事業の中心的な役割を担っている。

康弘氏によれば、「普段、親子ではほとんどしゃべらなかったが、この話は強く印象に残り、以来、自分も話をするときは極力簡単な言葉で話すよう心がけ、会社を起業する際も、困難を乗り越えてきた」という。

この話を鈴木氏にぶつけると、照れくさそうに相好を崩しながら、「そんなことをいったかもしれませんね」とこう話し始めた。

◎提言1

# 横文字を並べても聞くほうは疲れるだけ

「人前で話すとき、いちばん大切なのは、自分が常に考えていることと、思っていることを、平易な言葉、平易な話し方でそのまま表現することです。よく話の中で横文字を並べる人がいますが、私は〝コミュニケーション〟とか〝コンセンサス〟といった、日本語と同じように使われている単語は使いますが、それ以外の横文字は会話の中に入れないようにしています。

いくら高邁そうな言葉でも、それはどういう意味なのか、あとでもう一度辞書を引かなければならないようでは、聞いているほうが疲れてしまいます。もちろん、高邁そうな話をすると相手は尊敬の眼差しを向けるかもしれません。しかし、それが続くとやはり相手も疲れてしまう。話をするときは、けっして、相手を疲れさせるような話し方をしてはいけません。

人間は〝考える動物〟です。だから、自分の考えに共感を得られることがいちばんうれしい。それには尊敬してもらうための高邁な話より、同じ人間としての経験に根ざした平易な言葉のほうが共感を呼ぶのです」

◎提言2

# 格好をつけて借り物の話をしても何の説得力もない

「いちばんよくないのは、付け焼き刃で借り物の話をすることです。人間は人前で話をするとき、少しでも格好よく思われようという心理が働くため、事前に本などを読んで、そこから引用してネタに使おうとしがちです。そして、それを自分の言葉であるかのように話す人がいます。

しかし、何の説得力もありません。内容は簡単でも自分のものにしたことがらを話したほうがはるかに説得力を持ちます。借り物をしゃべろうとするから緊張するし、話も駄目になるのです」

鈴木氏は、講演をするときでも事前に何の用意もせず、頭の中を「白紙の状態」にして臨む。何も話題がないと話せないから強制的に頭を使う。聴衆の反応を見ながらフル回転させ、「そのとき自分が重要だと思うこと」を話しているうちに、「われながらいいことをいっている」といった具合にアイデアが浮かんでくるという。

このぶっつけ本番方式も、格好をつけず、日ごろの考えを平易な言葉でそのまま話すための方法といえるだろう。

## 鈴木敏文の話し方説法②
# 身近な事例や例えをできるだけ盛り込んでみる

### ◆聞き手の共感を呼ぶコツ

平易な言葉で表現するとき、鈴木氏が好んで用いるのが、事例や例え話だ。著者が鈴木氏に取材を行う際も、一時間ほどのインタビューの間にいつも、数分に一度くらいの割で次々飛び出してくる。企業経営者を取材する機会はしばしばあるが、中でも鈴木氏の話が突出してわかりやすく面白いのは、事例や例え話が盛りだくさんだからだろう。

事例や例え話を多用する理由を本人はこう話す。

「私が話す内容は昔から一貫して変わりません。FC会議で行う講話にしても、話すのは基本的なことばかりです。ただ、それだけでは飽きられてしまいます。そこで、引く例や例えをその都度変える。すると、同じことを話していても、相手に新鮮な印象や初めて聞くような感覚を持ってもらえるのです」

例え話ができるのは、相手に伝えたいテーマが完全に「自分のもの」になっているからだろう。そのため、有能な人ほど例え話がうまい。借り物の話ではそれを覚えるだけで精一杯で、とても例え話など話す余裕はない。

鈴木氏が使う例え話の大きな特徴は、非常に身近なところから探し出していることだ。例え話の題材は探せば、いたるところにあるという。

◎提言3

# 例え話のネタは自分の家の中にもある

「私は常々、現代の消費者はあらかじめ買うものを決めてから買う目的買いではなく、衝動買いが主流になっていると話します。しかし、衝動買いとはどういうことなのか、それだけでは相手になかなか伝わりません。そこで私はこんな例え話をします。

主婦が毎日頭を悩ませるのは夕食の献立です。私も休日に家にいると、家内から、今晩何にしますかと聞かれ、何でもいいと答えると、それがいちばん困るんですと叱られます。結局、決まらないまま、スーパーへ買いものに行き、売り場でたまたま目に入った食材を思いつきで買っていく。おそらく、どの家庭でも同じではないでしょうか。目的買いは三割いればいいほうで、残る七割は衝動買いなのです、と。

また、いまの日本はアメリカの経済危機に端を発した景気の低迷により、消費者の財布のヒモが非常に固くなっています。ならば、景気が回復すれば、個人消費も上向くかといえば、そう単純なものではありません。今回、景気が急落する以前、景気好調といわれたときでも、すでに日本の市場は消費が飽和状態にありました。

では、いまの日本は消費が飽和状態でタンスの中も一杯で、しかも不景気だからものが売れないのかといえば、必ずしもそうではありません。私はこんな例え話を使います。

例えば、家庭を持っている男性は、奥さんが何かあらたまった集まりに出かけるとき、タンスをのぞいては、着ていく服がないとため息をついているのを、一度ならず見たことがあるのではないでしょうか。タンスの中は服が一杯で多くは二、三回袖をとおしただけです。でも、同じ服は着ていきたくないとか、いまの流行に合わないとか考える。

消費は飽和状態にあっても、財布のヒモが固くなっているいまでも、新しいものを求める潜在的ニーズはいくらでもある。それをきちんと汲み取れるかどうかです、と。

例え話のネタは自分の家庭の中にもあるのです」

## ◆「中国人の聴衆相手に日本語で話す」

鈴木氏が好んで身近な例をとりあげるのは、相手の共感を得るにはそれが最も効果的と考えるからだ。氏が多用する例は枚挙にいとまがない。

例えば、「社内にいる売り手」と「社外にいる買い手」の感覚のズレを、クルマの車内（＝社内）と車外（＝社外）での感じ方の違いに例える。冬場に気温が二五度に上がると車外ではものすごく暑く感じる。しかし、車内では空調の温度を二五度に設定してもそんなに暑く感じない。社内と社外の感覚のズレは、それと同じだという。

あるいは、市場の目まぐるしい変化が見えない人のことを、「聴衆が日本人から中国人に変わっても気づかず、日本語で話している日本人の姿」に例えたりする。それほど市場が変化しているのに本人はいままでどおりと思い込んでいるというわけだ。

なぜ、これほど例えが見つかるのか。そのコツを氏はこう明かす。

◎提言4

# 話のネタは意識して集めるより、自然と引っかかってくるようにする

「私は別に、これを例え話のネタにいただこうと意識して集めているわけではありま

せん。人の話を聞いたり、家でテレビを見たり、車内でラジオをつけっぱなしにしていたりするとき、頭の中のフック（カギ、釣り針）に無意識のうらに引っかかってくる。重要なのは、日ごろから問題意識や関心のフックを研ぎ澄ませておくことです」

常に問題意識を持っていると、何気ない光景も意味を持って見えてくる。ポイントは「関心のフック」をどれだけ持てるかだ。

鈴木敏文の話し方説法③

## 話の中に数字をうまく入れると聞き手への親切度が増す

### ◆数字の力を借りる

鈴木氏の例え話のもう一つの特徴は、数字がよく登場することだ。例えば、前項で述べた消費者の衝動買いに対して、売り手としてどう対応するか。話の中に数字が入ると入らないのとでは、印象がまったく違ってくる。

◎提言5

# 衝動買いの心理も数字で説明すると不思議さが増す

「衝動買いの心理への対応法をどう説明すれば、相手に理解してもらえるか。例えば、陳列の仕方です。顧客の目に触れるフェース（陳列面）を思い切り広くとり、量を多く並べると顧客の心理が刺激され、よく売れますよと説明するだけでは不十分で、相手が実際に行動に移すかといえば、あまり期待できないでしょう。

さらに話を続け、例えばスーパーの鮮魚売り場で、同じカツオでも二〇本置いてある売り場と一〇〇本の売り場とではどっちが早く売り切れるか。二〇本のほうが本数が少ない分、早いと思われがちですが、実は一〇〇本のほうが早い。みんな買っているようだから自分も買おうという心理が働いて、売れ行きはグンと早くなりますよ、と数字で示す。

単に、陳列の量の多いほうが売れます、少ないとあまり売れませんといわれてもピンとこなかったのが、数字が入るとそれは不思議だと印象に残り、自分なりに考えるようになるのです」

### ◆数字はもろ刃の剣、「ごまかし」も入りやすい

その一方で、数字は効果が大きいだけに、逆の作用もあるという。例えば、チェーンの中のある店舗が自分の店の「業績がよい」ことを説明しようとしたとする。そのチェーンの一店舗あたりの平均日販が仮に六〇万円だったとき、「うちの平均日販は七〇万円」と数字を提示されると、一見、「業績がよい」ように見える。

しかし、その店舗は立地が非常によく、平均的な店舗より高い業績を上げられる条件が整っていたら、平均値との比較は何の意味も持たない。本来ならもっと高い日販が可能なのに、経営努力が不足している可能性があるかもしれない。ここに、「数字の落とし穴」があると鈴木氏はいう。

◎提言6

## 人は数字になって表されるとすぐ信用しやすいので聞き手は注意も必要

「数字はもろ刃の剣で、人間は話の中でいろいろな結果を数字で示されると、つい信用してしまう〝数字信奉〟の傾向も強くあります。特に人間はいちばん大きい数値や平均値に弱いところがあり、データとして表れるとそれに目を奪われてしまうところ

があります。

そこで、何かと数字を多く並べて、ごまかそうとする人もよく見られます。しかし、あまりにも数字を多く並べると逆効果の面もあって、聞き手を疲れさせてしまいます。

そこで、聞き手としては、もし、話し手から数字ばかり出てきて、一見、つじつまが合い、もっともらしく聞こえるものの、でもどこか数字に疲れる感じがしたら、本当にそうだろうかと突っ込んで考えてみることです。つじつまが合いすぎるのは逆におかしいと思って、そこを突くと問題点がポロッと出てくる。

私も会議のとき、本当にそうなのかと疑問に思うと、発表の途中でもどんどん突きます。発表される数字の中に本人も無意識のうちに入れてしまっているごまかしが出てきます。ごまかしが入るのは、その数字が自分のものとして消化されていないからです。数字を使って聞き手に強い印象を与えるには、その意味合いを自信を持っていい切ることのできる数字を自分で持つことです」

---

話の中に数字を使うと効果的だが、やたらと数字を多用するのは逆効果。数字を使うときは、自分の考えを的確に伝えられる〝決めの数字〟をきちっと身につけておくべきだろう。

# 「標語」をいくら並べても右から左へと抜けるだけ

### ◆「顧客第一主義」を唱えるだけでは浸透しない

自社の目指す目標として「顧客第一主義」や「顧客満足経営」といった言葉を掲げる企業は多い。トップも上司も訓話や指示を行う際、何かとこの用語をかざして話を始める。

しかし、社員はどう思うか。「どの会社も同じようなことをいっている」「うちのトップもどこかから借りてきたのだろう」と右の耳から左へ抜け、何も残らないことが多い。

なぜ伝わらないのか。鈴木氏は「標語」として掲げることに問題があるという。

◎提言7

## 標語は「話し言葉」にいい換える

「漢字を並べた〝顧客第一主義〟とか、〝顧客満足経営〟のような言葉は、単なる標語です。標語は相手に理解されるかどうかより、掲げることが目的で、あとは勝手に理解しろ、といった感じです。

重要なのは社員や部下に理解させることで、それには意味を示さなくてはなりません。顧客第一主義をいい換えるとどうなるか、きっちり突き詰め、本当の意味合いを伝えることです。

私だったらこういい換えます。顧客第一主義とは常に〝お客様のために〟考えることだと思うだろう。でも本当にそうなのかと突き詰めると、売り手が〝お客様のために◯◯をやっている〟というときはたいてい、売り手側が勝手にいっているだけで、どこか顧客との間に感覚のズレやギャップがあることが多い。

もし、自分がお客だったらどう感じるか。大切なのは〝お客様の立場で〟考え、売り手にとって不都合で不合理なことでも、買い手にとって好都合で満足につながれば、それを実行することだ。これが本当の解説です」

セブン-イレブン・ジャパンでは、人事において実力主義をとり、成績に応じて昇格だけでなく、降格も行われる。鈴木氏はこれも「実力主義の公平人事」といった標語にとどめず、野球に例えて社員に説明する。

◎提言8

# 相手が腑に落ちなければ、コミュニケーションとはいえない

「〝実力主義〟をどう説明するか。人事で降格もありうるというと、一般的にはサラリーマン人生の終わりのようなイメージでとらえられがちです。でも、実力主義を野球に例えるとわかりやすくなります。

プロ野球では選手の調子が悪ければ、先発から外されることもあるし、二軍に落ちることもある。そこで頑張ればまた一軍に上がり、代打で出て好成績を上げ、レギュラー復帰のチャンスもつかめる。企業組織だってチームプレイで勝利を目指す以上、野球やサッカーと同じように、選手のポジションを変えたり、入れ替えをするのは当たり前だろうと。

〝実力主義〟という標語だけではなかなか理解は得られませんが、実力主義で公平な人事をやるとは、いい換えればこういうことだと説明してあげると、ああそういうことかと腑に落ちる。相手にどういう話し方や伝え方をすれば、理解してもらえるかを考える。それがコミュニケーションです」

## ◆いい換えの能力に必要なのはストーリーを描く力

標語のいい換えができるというのは、その標語を一つのストーリーとして表現できるということだろう。鈴木氏の場合、特徴的なのは既存の常識や一般的な考え方とは異なる構図を示して印象づけ、それを日々の仕事にどのように結びつけていけばいいか、聞き手が納得しやすいストーリー立てをすることだ。

例えば、「競争社会」とはどういうことか。誰もが競合との競争を思い浮かべるが、本当の競争社会とは、目まぐるしく変化する顧客のニーズが競争相手になる社会である。では、顧客のニーズと絶えず競争するためにはどうすればいいのか。もし、自分が顧客だったら何を求めるか、常に「顧客の立場で」考えなければならないし、それができる人材を常にスタメンに起用しなければならない。

これを標語でいうと、「競争社会」においては「顧客第一主義」が重要であり、それには「実力主義人事」を行わなければならないという話になる。伝わり方がまったく違う。

いい換えの能力を磨き、聞き手の興味を引くには、一般的な常識について「本当にそうか」と突き詰めて、それをくつがえす大きな構図を描き、そこから具体的なストーリーを紡ぎ出す力を身につけることが大切だ。

## 自分に酔った話し方は聞き手には退屈

◆**自分が物知りであることを売り込んでも効果は薄い**

ところで、講演を聞いたり、相手と会話したりしている最中にこんな経験をしたことはないだろうか。退屈な話にえんえんとつき合わされ、聞く側は辟易していても、話す側はぜんぜん気づかない。鈴木氏は、「**それは話し手が自分で自分の話に酔ってしまうから**」だという。

◎**提言9**

# 話し手の「親切心」は聞き手の「ウンザリ」

「例えば、東京から大阪への行き方を説明するとします。的確に話ができる人は、新幹線か飛行機か高速道路かの三通りの方法を示し、所要時間と交通費ぐらいの情報を示す。聞き手がその中の一つについて聞いてきたら詳しい話をします。

これに対し、最初からそれぞれの方法についてこと細かに説明しようとする人がいます。新幹線は『のぞみ』が一時間に何本出ているだの、出発も東京駅より品川駅のほうが場合によっては便利だの、飛行機も日本航空と全日空とではどこにどんな違いがあるだの、クルマで高速道路を走る場合はどんなところに注意をしたらいいだのと話がとまらない。

本人は親切のつもりで、〝聞き手のために〟なると勝手に思い込んでいる。自分はいかに物知りであるかと、売り込もうとする心理も働いています。だから、本人は話しているうちに、親切で物知りな自分にどんどん酔ってしまう。聞き手はウンザリしてきますが、話し手のほうは自分に酔っているからとまりません」

### ◆「自我の延長」的な行為も相手を疲れさせる

鈴木氏によれば、この種の自己陶酔型の人間でよくありがちなのは、心理学で「自我の延長」と呼ばれる行為だという。「延長自我」ともいい、自分とかかわりのあるものをとおして自分を表そうとする。例えば、自分の可愛がっているペットを見せながら自分らしさを表現したりするとき、ペットそのものがその人の延長自我になる。

人と話をするとき、話し手に自我の延長的な行為が表れると聞き手はひたすら疲れていく。

◎提言10

# 聞かれもしないのに自分から人脈をひけらかすのは逆効果

「例えば、話の最中にちょっとしたきっかけで本筋から外れ、〝どこそこの誰それとはよく知っている間柄でね〟とか、〝大学の後輩で親しくてね〟といった具合に、人脈そのものが自分のすごさを表現するかのようにひけらかし始める。そして、〝あっ、そうなんですか〟と反応する相手を見て、また自分に酔っていく。典型的な〝自我の延長〟と呼ばれる行為です。

話の途中で、もし、相手から〝××さんとはどんなご関係だったんですか〟と聞かれたら、大学で一緒だったとか、昔仕事でつき合いがあったとか、説明すればいいのです。聞き手は興味を持つでしょう。しかし、聞かれもしないのに、あいつも知っている、こいつとはこんな関係だと話し始め、自分の領域を広げようとする。本人はいい気分でしょうが、聞かされるほうは退屈で参ってしまいます」

## 応を察知する力をつけるには「メタ認知」が必要

させないように話すにはどうすればいいのか。

のごとを「顧客の立場で」考える方法として、自分を客観的に見ることの大々指摘する。「客観的に見るとは、自分の頭の中に〝もう一人の自分〟を置いてこと」。メタ認知と呼ばれる自己認識の方法だ。

「メタ(meta-)」とは「一段上の」「超えた」といった意味の接頭語で、メタ認知とは「認知に対する認知」、つまり、ある事態に直面したとき、それに対する自分の認知活動（理解する、推論する、問題を解く……などの知的活動）を一段上から見て、自らモニターし、整理することだ。

人前で話すときも、常に「もう一人の自分」からモニターし、聞き手が退屈していないかどうか、「聞き手の立場で」相手の反応を察知する力をつけるべきだろう。

# 相手の顔を向けさせるには〝エサ〟の情報を自分なりに持て

## ◆〝エビ〟の情報で〝タイ〟を釣る

セブン‐イレブンのチェーンは、本部側と加盟店側とがそれぞれ役割を分担し、共同事業を営む形で運営される。店舗経営の意思決定はあくまでもオーナーが行い、本部のＯＦＣはアドバイスはできても、命令権や決定権など公的な権限は何も持たない。それゆえにＯＦＣは自分のアドバイスに耳を傾けてもらえるか、個人の力量が問われる。

例えば、ＯＦＣは、セブン‐イレブンの経営の根幹をなす「単品管理」を徹底させようとする。単品管理とは、単品ごとに売れ筋を把握し、死に筋を排除して発注の精度を上げていくことだ。この単品管理を徹底して実践するところにセブン‐イレブンの強さがある。

一方、オーナーの中には前は個人商店の経営者であったり、スーパーに長年勤めていた人も多く、ベテランになると自分流の発注の仕方に固執して、ＯＦＣの話になかなか耳を貸そうとしない人もいる。そんなオーナーの耳をどのようにしてこちらに向けさせるか。

具体例をあげよう。東京の住宅街にあるセブン‐イレブンのとある店舗での話だ。主力商品の一つであるソフトドリンク類は、売れ筋をきちんと把握する店舗では全部で九〇アイテム程度に絞り込む。ところが、その店ではできるだけ多くの種類を揃えるというオーナーの考えにより、品揃えは一三〇アイテムにも上った。

絞り込めば、その分、売れ筋のアイテムのフェースを広くとって強くアピールし、もっと売り上げを伸ばすことができる。担当ＯＦＣは繰り返し説得したが、相手の考えを変えるところまでにはいたらなかった。

そんなある日、ＯＦＣはソフトドリンクが納品される深夜の時間帯に店を訪問し、あることを調べた。一三〇アイテムもあると、商品を一つ一つ検品し、陳列棚に品出しするのに手間がかかる。時間を計ると九〇アイテムの店と比べ、アルバイトが二人がかりで一時間長くかかっていた。

時給一〇〇〇円として、ひと月で六万円のコスト増だ。数字を見せるとオーナーは目の色が変わり、一カ月後には九二アイテムにまで絞り込んでいった。担当ＯＦＣによれば、

「アイテム数が多すぎると顧客から見ても選びにくいので、絞り込みが大切ですよと話をしても、それだけではオーナーは動いてくれませんでした。そこで、労働コストという、オーナーにとっても食いつきやすい情報を示すことで行動を起こさせたのです。結果、売り上げが伸びたことで、単品管理の重要性についても、あんたのいうとおりだったと、理解してくれました」

相手が食いつきやすい情報を提供し、解決の糸口をつかんでそこからより重要なことに気づいてもらう。いわば、〝エビ〟の情報で〝タイ〟を釣るとでもいおうか。真正面から話しただけでは通じない場合の働きかけについて、鈴木氏は次のように話す。

◎提言11

# コミュニケーションは自分で情報を持つことから始まる

「コミュニケーションは相手に提供する情報を自分で持つことから始まります。大切なのは、どんな情報が相手にとってメリットがあり、価値を生み出せるかを相手の立場で考えることです。それが相手を刺激し、対話の糸口になる。いちばん説得力があるのは、自ら経験して自分なりに消化した情報です。

商品アイテムの絞り込みにしても、自分の担当地域の中で立地や条件が共通した他の店舗で絞り込みで成功した事例の情報を示すのも一つの手です。われわれの本当の競争相手は目まぐるしく変化する顧客ニーズであり、常に顧客に目を向けなければなりませんが、オーナーの心理の中には当然、他店との横並び意識や同業者との競争意識もあります。そこで、他店の成功事例を示してみるのです。

**場数を踏んで話がうまく、会話が弾んでも漫談で終わってしまうベテランもいれば、きちんと情報を持って、成績を伸ばしている若手もいます。コミュニケーション能力は経験ではありません」**

別の例をあげよう。カウンターの中が乱雑なままで、ＯＦＣがオーナーに「汚いのでもっときれいにしましょう」と繰り返し話しても改善されない店があった。そこで、一計を案じた。

まず、他の小売店でお世辞にもきれいとはいえない店を見つけておき、オーナーが休みの日に連れ出して案内し、「この店をどう思うか」と聞いてみた。

「汚いな、この店。こんな店によくお客はお金を払おうという気になれるな」

オーナーに自分の口からそういわせておいてから連れて帰り、「では、ご自身の店はどうでしょう。この界隈は高級住宅地も多くあります。お客様に気持ちよく使っていただける店としてどうでしょうか」とたたみ込んだ。

オーナーは「そうですね」と頭を下げ、掃除と整頓を始めた。これは、真正面から言葉で動かそうとしてもなかなか動かなかったため、他店の「失敗事例」の現場を見せて、自分の目で問題を自覚させた例だ。これも一つの情報の提供の仕方といえるだろう。

## ◆「上司からいわれたので」では相手は聞こうとしない

たとえ、話し下手でも自分でしっかり情報を持ち、提供すれば、相手は耳を貸す。もちろん、自分で持てる情報は限られる。上司から成功事例を教えてもらうこともあるだろう。それをどう伝えるか。

セブン－イレブンでは地区（ディストリクトと呼ぶ）ごとに十数人のOFCを統括するディストリクトマネジャー（DM）を置く。あるDMはOFCの指導法をこう話す。

「私も部下のOFCにいろいろな指導を行います。そのとき、必ずいうのは、オーナーの前に行って、〝こうするようにと上司からいわれたので〟といういい方をしては絶対駄目だぞと。自分の経験も交え、自分の言葉でいいなさい。結果、成果が出れば、自分の信用として返ってくるよと」

上司の言葉を自分の言葉として消化するには、もとになる経験が必要だが、日ごろから踏み込んだ仕事の仕方をしていれば、上司の言葉を自分のものにできる。話し方とは表面的なテクニックではなく、日々の仕事への取り組み方と一体となったものなのだろう。

# 話術だけでは相手は説得できない

## ◆アメリカ人相手の難交渉でも譲歩を引き出せる

話し方や伝え方が最も難しいのは日本語が通じない相手、すなわち、外国人相手のときだろう。セブン－イレブンはもともとアメリカのサウスランド社（現セブン－イレブン・インク）が始めたコンビニエンスストア・チェーンだった。日本で事業を始めるため、サウスランド社と提携交渉を行ったが、難航をきわめた。

事業会社の形態、出店地域、出店数、ロイヤルティ（権利利用料）など、サウスランド社が出してきた条件は受け入れがたいものばかりだった。交渉の場で鈴木氏はすべてに「ノー」を叩きつけた。「冗談ではない。こんな条件では交渉にならない」と声を荒らげ、テーブルを叩き、一歩も退かなかった。

粘りの交渉で鈴木氏は自分たちの希望する条件を認めてもらったが、最後までもめたのがロイヤルティの率だった。サウスランド社は売上高の一％、鈴木氏は〇・五％を主張し、隔たりが大きかったが、最後は相手側が大幅に譲歩し、〇・六％で妥結した。「交渉の達

人」の面目躍如だが、どのようにして相手の譲歩を引き出したのか。重要なのは「話術ではなく論法」だと鈴木氏はいう。

◎提言12

## 相手を説得するには「話術」ではなく「論法」が大切

「サウスランド社との交渉で、ロイヤルティの率について、上げろ、下げろの交渉をしていたら、いつまでたっても妥結しなかったでしょう。そこで私は争点から率を外そうと考え、こういいました。

あなた方の目的はロイヤルティの率なのか、額なのか。最終的に求めるのは額の多さであって、率の高さではないでしょう。ならば、率を下げて、われわれが日本で事業をしやすくし、成功すれば、結果として額が上がり、あなた方の目的に沿うはずだと。

これはものの売り買いと一緒で、例えば、一つ一万円の商品を買うとき、単にもっと安くしろといっても相手もなかなか応じません。でも、相手の目的はその商品を一個一万円で売ることではなく、より多くの売り上げを得ることでしょう。そこで、こ

○個買うから一個あたりの単価を下げてくれという話をすれば、相手も納得

説得するとき、大切なのは話術ではなく、論法です。われわれはつい、目先

とらわれがちですが、目先のことでぶつかっているときは、どんなに話術を

っても説得するのは難しいでしょう。そこで、視点を先に向けさせ、だから

うしたほうがいいのではないだろうかという話をすれば、説得できる。

相手が納得できるような論法で話をする。それが説得力のある話し方です」

もめにもめた米軍普天間基地の移設問題。こじれたのは移設先をどこにするかという話に終始し、アメリカ側が納得できるような「論法」を提示できなかったことにあるようだ。

鈴木敏文の話し方説法⑧

# ただ、「話しておきました」では本当に話したことにはならない

◆いかに相手の行動を引き出すか

相手に何かを伝え、コミュニケーションをとるのは、多くの場合、いまある問題をわか

ってもらい、解決に向けた行動を引き出すためだ。ところが、相手に伝えても、行動に結びつかないことも現実には多い。それは、「単に〝話しておきました〟ですませていることが多い」と鈴木氏はいう。

## ◎提言13

# 「伝わったハズ」と「わかったツモリ」の〝ハズvsツモリ〟にはズレがある

「人の行動は自覚から始まります。例えば、人は空腹でなくても目の前に大好物が並べられれば、特に強制されなくても食べるでしょう。その食べものがおいしくて、食べればよい気分になるという自覚があるから進んで食べるのです。

どんなに難しい問題も本人が、解決すればよい方向に向かうと自覚していれば、そこから自主性が生まれます。一方、難しいのは、相手が自覚していないときに納得させて、行動を起こさせることです。これを徹底させなければ、何も変わりません。

私が社内でいちばん文句をいうのは、この徹底力の欠如です。

例えば、ある問題について部下に、あの件はどうしたと聞くと、その件なら担当者に何回も話しておきましたから伝わっているハズですと答える。その部下からいわれた担当者もわかったツモリになっているかもしれません。しかし、何回話しても、〝伝わっているハズ〟と〝わかったツモリ〟の間に大きなズレがあって、その担当者が自覚せず、行動に結びつかなければ、話したことにはなりません」

では、どうすれば相手の行動を引き出せるのか。コミュニケーションに奇策はなく、**「相手が動くまで繰り返し伝え続けること」**だという。鈴木氏がＦＣ会議で過去千数百回にわたって繰り返し経営の基本を語るのもそのためだ。

◎提言14

# 説得は一度や二度であきらめてはならない

「相手が自覚していないときに納得させ、行動を起こさせるための基本は、一度や二度うまくいかなくともあきらめずに伝え続けること、説得を続けることです。もちろん、同じ話を繰り返すだけでは相手も聞くのに疲れるだけでしょう。

相手の反応を見て、その日の話し方や伝え方のどこが弱かったのか検証し、次につなげていく。相手がなかなか動かないのは、簡単に納得できない理由があるからで、それは何なのか、相手の立場に立って考えながら接点を見つけることも必要です。

一、二度、伝えてもうまくいかず、難しいとあきらめてしまう人は、うまくいかないことをいい訳にして本当にコミュニケーションを避けているだけです。

私の場合、セブン‐イレブンの創業にしろ、セブン銀行（設立時はアイワイバンク銀行）の設立にしろ、新しいことを始めるとき、猛反対にあいながら実現できたのは、相手が納得するまであきらめずに説得を続けたからです。

相手が動くまで繰り返し伝え続ければ、必ず伝わる。説得の基本はいかにＩＴ（情報技術）化が進もうと変わらず、同じです」

---

## ◆頭の中の「テンプレート」を互いに一致させる

「伝える」あるいは「わかる」とはどういうことか。さまざまな失敗事例の研究を行う「失敗学」の提唱者として知られ、鈴木氏ともセブン＆アイグループの広報誌上で対談を行ったことのある畑村洋太郎・工学院大学教授によれば、世の中の事象は「要素」と「構造」から成り立っており、「伝える」「わかる」もここから説明できるという。

例えば、一杯の天ぷらそばも、［そば］［汁］［エビ天］［器］などの「要素」から成り立ち、さらに［つくり手の人柄］［サービス・雰囲気］といった「要素」も絡み合い、「うまいソバ」の「構造」がつくり出される。

人間は過去の経験や得た知識をもとに自分の頭の中にこうした「要素」と「構造」が組み合わさった「テンプレート（型紙）」をたくさん持っている。そして、見聞きした事象が頭の中のテンプレートと一致したとき「わかる」と判断する。

例えば、目の前の天ぷらそばが頭の中にある「天ぷらそば」のテンプレートと一致すれば、「これはうまい天ぷらそばだ」と「わかる」わけだ。もし、目の前の事象と一致するテンプレートがなければ、「わからない」と判断し、新たなテンプレートの構築が必要になってくる。それが学習になる。

「伝える」も同様で、伝えようとする内容が相手の頭の中のテンプレートと一致しないとうまく伝わらない。「伝わったハズ」と「わかったツモリ」の間に生ずる大きなズレは、ここに起因するわけだ。

そこで、きちんと「伝える」ためには、伝えられる側の人間の頭の中に同じ「要素」と「構造」からなる同じテンプレートをつくらなければならない。この章で見てきた鈴木流の話し方や伝え方、すなわち、平易な言葉で話す、例え話を効果的に使う、数字の力を借りる、標語をいい換える……等々の方法は、相手の頭の中に同じテンプレートをつくるための工夫や努力にほかならない。

ただ、頭の中にテンプレートをつくるとき、単に知識を外から与えるだけでは構造化されないことも少なくないという。畑村教授によれば、ここで「みる」の出番になる。

「みる」とは単に「見る」だけでなく、五感をフルに使い、目的意識を持ってみること。「現地・現物・現人」（現地や現場で現物に直接触れたり、現場にいる人の話を聞いたりする）の「三現」で自ら経験しながら、自分の視点を持ってみると要素が構造化され、テンプレートがつくられるという。

カウンターの中が乱雑なセブン‐イレブンの店を担当したOFCがオーナーを外へ連れ出し、お世辞にもきれいとはいえない他の小売店を見せた例などは、この典型だろう。当初、OFCがオーナーに「汚いので片づけましょう」といっても伝わらなかったのは、「清潔な店」についてのテンプレートが一致しなかったためだ。そこで、同じ問題を抱えた他の店舗に出かけ、一緒に「みる」ことで、テンプレートを一致させた。

実際、セブン‐イレブンのOFCはオーナーに対し、言葉でコンサルティングやアドバイスをするだけでなく、店頭で品揃えや陳列の仕方を一緒に考え、新しい取り組み方をみせることも日常的に行っている。「伝える」と「みる」を駆使して「わかる」を目指すわけだ。

鈴木氏のいう徹底力とは、こうして伝える側と伝えられる側の間で徹底して同じテンプレートを共有することにほかならない。

## ◆コミュニケーション能力が最も重要

日本が誇る世界的な経営学者で知識創造理論の提唱者として知られ、セブン&アイ・ホールディングスの社外取締役も務める野中郁次郎・一橋大学名誉教授によれば、「知」のあり方には、「形式知」と「暗黙知」があるという。

形式知とは言葉や数字、データなどで表される。一方、暗黙知とは文字どおり、言葉や文章で表現することが難しい知で、個人がいろいろな経験を積む中で暗黙のうちに持つものだ。身体に染みついた感覚、経験で身につけたノウハウ、胸の中に持つ思いや理想、漠としたイメージや価値観……などが典型的な暗黙知だ。

平易な言葉で語り、例示や数字、標語のいい換えなどで理解を促し、ときには相手の口からいわせる。やがて意思や価値観が通じ合い、「暗黙知」が共有されるようになると、ひと言で徹底力が発揮される最強の組織が生まれる。頭の中のテンプレートとは、暗黙知のことにほかならない。

「セブン‐イレブンの隠れた強さの秘密」と呼ばれるOFCに求められる能力の中でも、「**コミュニケーション能力が最も重要**」と鈴木氏はいう。

**「会話術も必要なスキルですが、政治家のように能弁でも、口先だけだと思われたら説得はできません。仮に話し下手であっても、一緒に経営を考えることにより、人間性によって納得させる場合もあります。人間的な部分も含めたトータルなコミュニケーション能力**

**をどれほど高めることができるかです」**

ＯＦＣとオーナーとの間で「要素」と「構造」のテンプレートが一致が、暗黙知を共有されれば、最強の組織が生まれる。

しかし、ＯＦＣとオーナーとの間で必ずしも、いつも「要素」と「構造」のテンプレートが一致するとは限らない。なぜなら、人は自分のことになると保守的になってしまう傾向があるからだ。オーナーも自分の店の問題になるとその傾向が表れる。だからこそ、コミュニケーションがいっそう重要になる。

ではなぜ、人は自分のことになると保守的な心理に陥るのか。それをコミュニケーションによって、どのように解放していくのか、次に見てみよう。

第2章

# 人はなぜ、自分のことになると「保守的」になるのか

## ◆人は自分のことになると「保守的」になる

「人は誰しも革新的な面と保守的な面の二面を持ち、自分の問題になると保守的になってしまう」と鈴木氏はいう。

例えば、「いまの時代、国際結婚は珍しくない。結婚に国籍や肌の色の違いは関係ない」といいながら、自分の子供が外国人と結婚したいといい出すと一転、及び腰になり、ましてや相手が欧米人や白人ではなく、途上国出身や有色人種だと反対する。

あるいは、「いまの社会は学歴は関係ない」「自分の個性が発揮できる方面に進むべきだ」などといいつつ、自分の子供については、できるだけ偏差値の高い学校へ進み、大企業や有名企業へ就職してくれればいいと考える。

あるいは、結婚後の夫婦別姓については賛成しつつも、自分の結婚については、女性のほうが改姓するのを望む。こうした二面性はビジネスにおいても同じように表れる。自分の仕事や商売になると、保守的になり、守りに入りがちになる。

例えば、なぜ、営業マンにとって新規顧客の開拓は容易ではないのか。訪問した顧客にはすでに既存の取引相手がいる。顧客としてはリスクをとって取引先を変えるより、現状を維持しようとする保守的な心理が働く。営業マンは、どうすれば自社との取引に魅力を感じてもらえるか、何をどう伝えればいいのか、話し方や伝え方に腐心する。

前章では、人と人とのコミュニケーションにおける話し方や伝え方について、より効果的な方法を検討した。話し方や伝え方が重要になるのは、多くの場合、相手が保守的な心理に陥っているケースにおいてだ。

人は自分一人で考えていると、「保守的な心理」に陥りがちだ。しかし、誰かとコミュニケーションをとることによって、そこから脱するきっかけや力を得ることができる。

そもそも人はなぜ、自分の問題になると保守的になるのか。相手とコミュニケーションを図るためには、まずは相手の心理を理解しなければならない。

本章および次の第3章では、経済学の中でも人間の心理を重視して注目を集める行動経済学と照らし合わせながら、人が陥りがちな保守的な心理がビジネスにどのような影響を及ぼすのかを二章にわたって明らかにする。そして、そこから脱するための鈴木流の仕事術を探ってみたい。



## 「売れる店」はなぜ、ますます売れるようになるのか

「売れる店」はますます売れるようになるのに、売れない店はますます売れなくなる。そこには、売り手が陥りがちな保守的な心理が必ず絡んでいる。まずは、「売れる店」の例から見てみよう。

### ◆快進撃を続けたディスカウントストア「ザ・プライス」

〇八年九月のリーマンショックの一カ月前、個人所得が伸び悩む一方でガソリンを筆頭に商品の値上げラッシュが続くなか、イトーヨーカ堂が新たに業態開発した食料品中心のディスカウントストア「ザ・プライス」が東京・西新井にオープンした。

一一月には埼玉・川口店が続き、以降も東京、埼玉、千葉、神奈川に一年間で一〇店が既存の総合スーパーから業態変更してオープン。また、〇九年一一月に埼玉県越谷市にオープンしたショッピングセンター「セブンタウンせんげん台」では、ザ・プライスが中核店舗として配置された。いずれも、開業以来、売り上げ目標を大きく上回る快進撃を続け

ている。

価格帯をヨーカ堂より全体平均で一～三割安く設定する。それを可能にするため、生鮮品は市場や産地から直接買い付ける、形は不揃いでも品質は同じ「規格外」も扱うなど、仕入れ原価の低減を徹底して追求。加えて、売り方にも知恵を絞り、工夫を凝らした。

典型が単品量販だ。扱う商品数を半分程度に絞り込んで、売れ筋商品を大量発注し、単品で陳列ケース一面、棚一段にズラリと並べ、量感で訴えるのだ。顧客は思わず手を伸ばす。そのときの顧客の心理を鈴木氏はこう話す。

◎提言15

## 顧客の衝動買いを起こすには「商品の表現力」が重要

「なぜ、顧客の手が伸びるのか。陳列量を増やし、フェースを日一杯とることで視覚的なアピール力が高まり、顧客の衝動買いが起きるからです。現代の消費者はあらかじめ買うものを決めてから買う日的買いではなく、衝動買いが主流になっていると前にお話ししました。それが、ザ・プライスにおいてはより顕著に表れます。

**人間には自己差別化したいと思う心理と同時に、人と同じでありたいと思う心理の**

二面性があります。この心理が刺激されると、衝動買いが起きます。ザ・プライスの場合、顧客は他店より格段に安く買えるという自己差別化の欲求と同時に、目一杯フェースがとられている商品を見て、みんなも買っているだろうから自分も買おうという横並びの欲求が働き、思わず手を伸ばす。

大切なのは商品の〝単品としての表現力〟です。ザ・プライスでは価格の安さを基本に、単品としての表現力を高める工夫をして、顧客の心理を刺激していることが好調さに結びついているのです」

---

## ◆「当日仕入れ、当日売り切り」を可能にした驚異の陳列術

商品の単品としての表現力が、いかにザ・プライスの業績好調さに寄与したか、具体的に見てみよう。

ザ・プライスの第一号店の西新井店は、実は準備期間わずか一カ月でオープンにこぎつけたため、当初は商品を安く仕入れる新規ルートの開拓が間に合わないところがあった。それでもスタート時から業績は予想以上の伸びを見せ、従来比三三％増の売り上げ目標を早々に二〇％も上回った。それは、仕入れのほかにもさまざまな方法でコストを徹底して削減し、低価格を実現したからだった。

そのローコスト経営の柱の一つに「ロス削減」があった。肉や魚などの生鮮食品につい

て廃棄や値下げによるロスを半減させる目標を立て、実行したのだ。

当日仕入れ、当日売り切る。そのため、徹底して実践したのが「集約集中販売」だった。例えば、豚のロース肉ならロース肉を来客のピーク時には上下四段の陳列ケースに単品で目一杯並べる。売れて量が減ったらまばらに置かず、下三段へ集約し、さらには下二段へ、同じ段なら左側へとどんどん集約していく。

この集約集中販売の陳列をタイミングを逃さず徹底して実行すると、どの時間帯も単品としてのフェースが広くとられ、最終的に午後九時の閉店一時間前には最下段に商品が集約する。その時間帯の顧客は急いで買いものをすませようと目線が一カ所に集中する。スーパーの食品売り場の場合、普通は最後に「五〇％引き」かよく行われるがその必要もなくなる。ロス半減作戦はわずか三週間で軌道にのった。

その商品があれば売れたのに、なかったことで生じるロスを「機会ロス」という。売れ筋を絞り、大量発注することで機会ロスを最小化する。そして、陳列法で商品の単品としての表現力を高めることで売れ残りをなくし、「廃棄ロス」を最小化する。ロスが減る分、より安い価格設定が可能になり、来店客が増え、売り上げが増加する。

需要が増大したら供給も増大させて均衡を保つことを「拡大均衡」というが、売れる店は拡大均衡の好循環に入り、ますます売れるようになる。ザ・プライスの成功は拡大均衡の好循環の典型的なパターンといえる。

# 「売れない店」はなぜ、ますます売れなくなってしまうのか

◆「売れない店」が陥る縮小均衡の悪循環

一方、対照的なのが、売れない店が陥りがちな「縮小均衡」の悪循環のパターンだ。需要が減少したら供給も減少させて均衡を保とうとする。なぜ、悪循環にはまるのか、鈴木氏が説明する。

◎提言16

## 廃棄リスクを回避しようとして、逆に売れ残りリスクを高めてしまう

「例えば、セブン‐イレブンの店舗で、ある商品が棚に一〇個以上並んでいる場合と、同じ商品でも二～三個ぐらいしか置かれていない場合とではどう違うでしょうか。一〇個以上並んでいると単品としての表現力があり、それが顧客にとって〝選ぶ理由〟

になって、買ってみようという心理が働きます。

私はセブン－イレブンのお弁当などは、一日一〇個以上売れないものは商品とはいえないといってきました。一〇個以上売るためには商品を絞り込み、一つ一つの商品をきちんと揃えなければなりません。そうすると、顧客にその商品をはっきりと認知してもらえるようになります。

実際に試してみると、ボリューム陳列をしたほうが販売量も増え、廃棄ロスも減るという結果が出ています。また、多めの発注をすることで、機会ロスも減ります。

一方、廃棄ロスを恐れて消極的な発注を行い、二～三個だけ置いても、顧客にその商品を認知してもらうことはできません。

また、二～三個では、顧客は〝あまりもの〟や〝売れ残り商品〟と感じ、〝選ばない理由〟になってしまう可能性があります。結局、売れないまま、廃棄ロスになりがちです。

少ない発注では機会ロスも増えます。廃棄ロスのリスクを回避するために、発注量をできるだけおさえたいという心理が働くと、かえって廃棄ロスと機会ロスのリスクを高めてしまうのです。不景気になると売り手はこうした消極的な心理に陥りがちです。これが繰り返されるうちにどんどん縮小均衡になっていくのです」

◎提言17

# 売り手は「見えないロス」より「見えるロス」に目を奪われがち

「なぜ、売り手はとかく廃棄ロスを恐れるのでしょうか。廃棄ロスは目に見えるからです。どのくらい損をしたか数字にもすぐ表れます。

一方、機会ロスはその商品が十分にあれば得られたはずの売り上げが得られなかったことで生ずるロスです。機会ロスは直接的には見えません。数字にもすぐには出てきません。

人間は目に見えない得られるはずの大きな利益より、目に見える実際の損失のほうを大きく感じてしまう。だから、どうしても廃棄ロスばかりに目を奪われ、悪循環にはまってしまうのです」

## ◆人は「一〇〇の利得」より「一〇〇の損失」を二倍大きく感じてしまう

売り手は廃棄ロスに目を奪われてしまう。これも人間の心理に起因する。

一般的に標準的な経済学は「ホモ・エコノミクス（経済人）」という抽象的な存在を前提にしている。ホモ・エコノミクスは「合理的、経済的に損得計算や確率計算を行い、それに基づいて商品やサービスから得られる満足感が常に最大になるよう判断し、行動する」と想定されている。そのとき、心理的な影響について考えるのはタブーとされる。

しかし、現実にはそんな人間は存在しない。人間は健康に害があるとわかっていてもタバコを吸ったり、同じ一万円の出費でも被服費については二の足を踏んでも、飲食費は躊躇しなかったりと財布が別々で、必ずしも常に合理的な判断をするとは限らない。

そこで、人間の心理を考慮しないこれまでの標準的な経済学に対し、心理を重視する「行動経済学」という新しい分野がここ数年注目を浴びてきた。その行動経済学の中でも特に有名な理論がある。「人間は同じ金額でも利得から得る満足や喜びより、損失から受ける不満足や苦痛のほうが二〜二・五倍大きく感じる」とするプロスペクト理論だ。

人間は一万円をもらった喜びや満足感より、一万円を失った痛みや不満足感を二〜二・五倍大きく感じてしまう。逆にいえば、一万円を失う痛みを埋めるには二万〜二万五〇〇〇円をもらう喜びが必要になるわけだ。

このプロスペクト理論を図に表したのが「価値関数」だ（図1）。

まず、横軸を見てみよう。右方向は得られるもの（利得）、左方向は失うもの（損失）を表す。金銭的な利得や損失だけでなく、成功や失敗、ひいきの野球チームの勝ち負けなども含まれる。

縦軸は得られるものと失うものがそれぞれもたらすプラスおよびマイナスの価値を表す。

## 図1 損失は利得より2倍大きく感じる

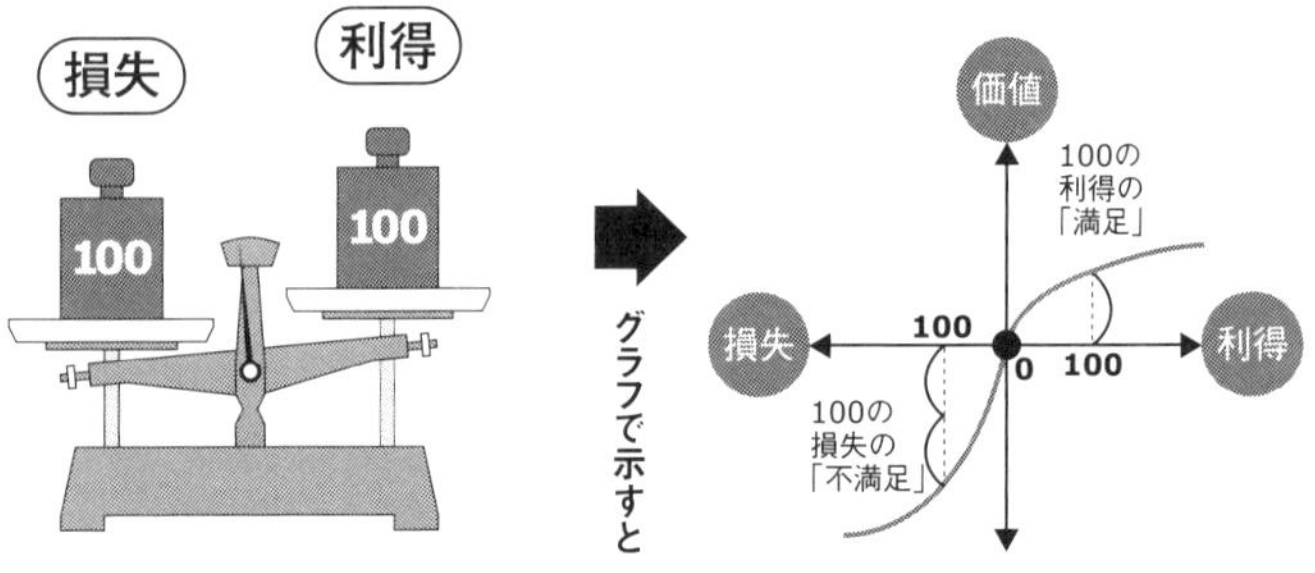


**行動経済学のプロスペクト理論**

人間は損と得を同じ天秤にかけない。同じ金額でも利得から得る喜びより、損失から受ける痛みのほうを2〜2.5倍大きく感じる。

**プロスペクト理論の価値関数**

横軸は原点から見た利得および損失の大きさを示し、縦軸は利得と損失がもたらすプラスとマイナスの価値（満足の度合い）をそれぞれ示す。100の損失がもたらす不満足は同じ100の利得がもたらす満足より2〜2.5倍大きく感じられるため、損失を回避しようとする心理のほうが強く働く（損失回避性という）。

つまり満足の度合いだ。どれほどの利得がどれほどの満足をもたらし、どれほどの損失がどれほどの不満足をもたらすかを示したのが価値関数で、変形した「S」の字のような曲線を描く。

ここで注目すべきは、利得による満足と損失による不満足では、それぞれ度合いを示す曲線が対称ではないことだ。一〇〇の損失がもたらす不満足は同じ一〇〇の利得がもたらす満足より、二〜二・五倍大きく感じられるためだ。

プロスペクト理論はダニエル・カーネマンという心理学者（米プリンストン大学教授）が、

エイモス・トヴェルスキー（故人・米スタンフォード大学教授）という心理学者と共同で数多くの実験を行い、その結果をもとに、心理や感情に左右される消費者の行動を解き明かす理論として一九七九年に発表された。

その後、多くの経済学者が研究に加わり、行動経済学が確立された。経済は感情で動くと考えるため、「感情経済学」と呼ばれることもある。カーネマン博士はこの功績により、心理学者ながら〇二年にノーベル経済学賞を授与されている。

「売れない店」はなぜ、ますます売れなくなってしまうのか。この問題を行動経済学の視点からさらに詳しく考えてみよう。

## ◆売り手は「機会ロス」より「廃棄ロス」を二倍大きく感じてしまう

人間は損と得を同じ天秤にはかけず、同じ金額なら利得より損失のほうを大きく感じてしまう。そこで、人間は損失を回避しようと考え、行動するようになる。行動経済学では「損失回避性」と呼ぶ。

これは廃棄ロスと機会ロスについても同じようにいえる。廃棄ロスとは、実際に生じる損失だ。一方、機会ロスは裏返せば、商品があれば得ることができたはずの利得といえる。鈴木氏がいうように、人間は得られるはずの利得より、実際に失う損失のほうを大きく感じてしまう。そこで、損失を回避しようとする。

売り手がとかく機会ロスよりも廃棄ロスに目を奪われ、廃棄ロスのリスクを回避しようとして、発注量をできるだけおさえようとする心理が働くのは、人間の持つ損失回避性のなせる業なのだ。

## ◆「儲からないニューヨークのタクシー運転手」が儲けを増やせない理由は何か

行動経済学を初心者向けにイタリアの経済学者がわかりやすく解説した『経済は感情で動く　はじめての行動経済学』（マッテオ・モッテルリーニ著　紀伊國屋書店刊）という本がある。〇八年に日本でも翻訳本が出版されるとベストセラーにランクインした。

この本にいち早く目をとめたのが、鈴木氏だった。一読するや、「私がこれまで話してきたことと同じ内容が書かれている」として、グループの幹部社員にも講読を勧めた。

版元の出版社は書籍の帯をすぐにつくり替え、鈴木氏の推薦の言葉、「本書は、経済は心理学だという私の持論を、見事に解説してくれている。大切なのは、この本から何を教訓として引き出すのかという発想力だ」というメッセージを大きくのせたりもした。

この本の中で、特に鈴木氏が関心を持ったくだりがある。「ニューヨークのタクシー運転手」にまつわるエピソードだ。本人に紹介してもらおう。

◎提言18

# ニューヨークのタクシー運転手はなぜか儲かる日に早く仕事を切り上げる

『経済は感情で動く』によれば、ニューヨークのマンハッタンでは雨の日のラッシュアワー時にはタクシーがなかなかつかまらずに閉口するといいます。その原因を探るため、経済心理学のある研究グループがタクシー運転手の行動を調査したところ、運転手たちは毎日の目標額を決め、売り上げがその額に達すると仕事を切り上げていたことがわかりました。

雨の日は利用客が多くなります。すると、短時間で目標額に達するため、いつもよりも早く仕事を終えてしまい、その結果、タクシーがなかなかつかまらなくなる。雨の日は利用客が多いので、より長く働けば、より多くの利益を得られるはずなのに、現実はまったく反対の働き方をしていたというのです。

ニューヨークのタクシー運転手の行動の〝非合理性〟は次のように説明されます。

多くの人にとって、損して失うものは、得して得るものより大きい。タクシー運転手も私たちの多くと同じように、損と得を同じ天秤にかけようとしない。その日の売り上げが目標額に達しないと、それを損と考え、損を回避しようと長く働こうとするが、結果的には売り上げは伸びない。
一方、雨の日はより長く働けば、より多くの利益が得られるはずなのに、目標額に達してしまえば、さらに長く働こうという積極的な態度はとろうとしない。結果、大きな機会ロスが出てしまうのです」

◎提言19

# ニューヨークのタクシー運転手と同じ心理は誰もが持っている

「これはセブン－イレブンの経営についてもいえます。目に見える廃棄ロスに目を奪われがちなオーナーは、五個仕入れて、五個売れたら、損失が回避されたと安心してしまう。売り切れたということは、もっと多く仕入れていたら、より多くの利益が得られた可能性があるのに、ニューヨークのタクシー運転手と同じように、それ以上は積極的な発注はしようとしないのです。

ニューヨークのタクシー運転手の話を聞いて、なぜ、雨の日にもっと長く働かないのかと思うのは、タクシーがつかまらず、いらいらする顧客の心理から考えるからで、われわれも売り手の立場になり、自分の仕事のことになると同じような行動をとりがちです。

積極的に仕かけるより、初めから在庫のロスをいかに回避するかのほうに目が向いてしまう。保守的な心理でいる限り、縮小均衡の道をたどると考えるべきでしょう」

売れない店は目に見える廃棄ロスを恐れて損失回避の行動をとり、ますます売れなくなる。この悪循環を断ち切るには、目に見えない機会ロスを〝見える化〟する必要がある。この〝見える化〟については後ほど詳しく触れる。

鈴木敏文の仕事術指南③

## なぜ、「うちの店ではこういう商品は売れない」と思い込むのか

### ◆人は論理ではなく「思考の近道」で考える

売れない店が機会ロスに目を向けなくなるのは、損失回避性のほかにも原因がある。

機会ロスはその商品があれば売れたはずなのに、なかったことにより生ずる損失だ。ところが、保守的な心理に陥った経営者は、「その商品があれば売れたはず」という発想そのものができない。「うちの店ではこういう商品は売れない」「うちはそんなに多くは売れ

ない」と思い込んでしまうのだ。その思い込みも心理から生まれる。

われわれは日常生活においてものごとを判断するとき、一つ一つ順を追って論理立てて考えるというより、多くの場合、直感的に自分なりの答えを導き出している。行動経済学では、論理的な処理手順を意味する「アルゴリズム」に対し、直感を使うなどの簡便な判断方法を「ヒューリスティクス」と呼んでいる。日本語では簡便法、目の子算などと訳される。前出の『経済は感情で動く』では「思考の近道」と呼んでいる。損失回避もヒューリスティクスの一つだ。

ヒューリスティクスは多くの場合、有用に働く。これは第4章で触れるが、消費者が日常的に商品を買うとき、アルゴリズムなどではなく、たいていはヒューリスティクスで判断している。

われわれはビジネスにおいても、不確実さが増すなかではヒューリスティクスによって判断していることが多い。簡便な判断方法を使うことで、たいていは仕事が円滑に進む。

さらに、「思考の近道」により、論理的思考では絶対出てこない発想や余人がまったく思いつかないようなアイデアが生まれ、創造性を発揮することもある。前出の畑村洋太郎・工学院大学教授は創造的思考の研究でも知られるが、余人が思いつかないような発想を教授は「思考のけもの道」と呼んだ。

しかし、その一方でヒューリスティクスはときとして、判断の誤りをもたらすことがある。直感は過去の経験に影響されることが多いため、顧客のいま現在の本当の姿を見失った判断をしたり、市場の現状を見誤った意思決定を行い、ビジネスにとっては好ましくない方向に進んでしまうことも少なくない。こうした歪みや偏りをカーネマンとトヴェルスキーは「バイアス」と呼んだ。

この「ヒューリスティクスによるバイアス」が、売り手の保守的な心理に拍車をかけ、縮小均衡の悪循環をもたらすことになる。以下、具体的に見てみよう。

### ◆一事が万事と思い込む「少数の法則」

ヒューリスティクスによるバイアスはある意味、「思考の落とし穴」と呼んでもいいだろう。「うちの店ではこういう商品は売れない」と思い込むのもその一つだ。それは「売り手側の勝手な思い込み」と、鈴木氏はいう。

## ◎提言20

## 売り手は目の前の顧客に目を奪われ、すべてがそうだと錯覚しがち

「保守的な心理に陥った店舗のオーナーは目に見えない明日の顧客ではなく、目に見

えるいま来店している顧客に目が向いてしまいます。そして、〝うちの店はこういう商品を置いてもあまり売れない〟と思い込み、新しい商品を品揃えすることについて後ろ向きになりがちです。

しかし、変化の激しい時代には今日の顧客と明日の顧客とではニーズが違います。新しい商品がほしいと思う顧客は〝この店は品揃えが悪い〟と考え、離れてしまいます。そうなってからその商品を少しばかり置いても、すでに客は離れ、売れません。

するとオーナーは〝この商品は廃棄ロスになったから、やっぱりうちの店ではニーズがない〟と思ってしまう。完全な悪循環です。しかし、その商品こそ新しい売れ筋になるはずだった。ここに大きな機会ロスが生じてしまうのです」

---

本来なら試行錯誤を繰り返し、多くの顧客と向き合いながら、常に売れ筋をつかんでいくべきなのに、目に見えるいま来店している顧客に目を奪われ、それが〝マーケットの代表〟であるかのように思い込んでしまう。本当はマーケット全体の一部のサンプルにすぎないのに、目に見えるため「代表性」を感じてしまい、顧客全体のニーズを表していると考えてしまう。

サンプルの大きさを無視し、いわば、一事が万事と思い込んでしまう。ヒューリスティクスによるバイアスで、行動経済学では「少数の法則」と呼ばれる。これは個人の生活でもよく見られる。たまたまのできごとなのに一般化して考えてしまうことはしばしばあることだ。

それが個人の生活の範囲内ならまだいいが、ビジネスや商売の場合、経営にかかわる問題になる。いま来店している顧客が買った商品を次の日も揃えれば、また買ってくれるかもしれない。しかし、同じ品揃えが続けば、マンネリ化し、これまで来店してくれた顧客も離れていく。「少数の法則」に陥る売り手は、縮小均衡に陥らざるをえないのだ。

また、街の酒屋からコンビニエンスストアに転じた店舗のオーナーなどには、週に一本しか出ない酒でもそれを求める固定客がいる限り、店頭に並べておくといった考えを持ち続けるケースもある。確率的には売れ筋といえないのに、買ってくれる顧客がいると、世の中の顧客の「代表」であるかのように考え、その求めに応えるのが商売のあり方と思い込んでしまう。「確率の無視」と呼ばれるヒューリスティクスだ。

しかし、多くの顧客は別の売れ筋商品を求めていたとすれば、そのオーナーの判断は大きな機会ロスを生じることになる。

売り場面積が広い店舗であれば、週に一本しか出ない酒を置くことも可能だろうが、限られたスペースで多くの顧客を相手にするとき、「確率の無視」から脱しなければならない。

このほか、売り手が陥りがちなヒューリスティクスは数々ある。次にあげるのは、「自分は玄人」と思い込んでいる人間がはまりがちなバイアスだ。

鈴木敏文の仕事術指南④

## なぜ、「自分は玄人」と思う人ほど判断がズレるのか

**◆最初の情報によって判断が影響されてしまう「アンカリング効果」**

行動経済学の生みの親、心理学者のカーネマンとトヴェルスキーが見つけだした人間のヒューリスティクスの中に「アンカリング効果」と呼ばれるものがある。アンカーとは錨のことで、「投錨効果」とも呼ばれる。

初めに示された情報によって出発点が固定されると、その情報があとに出てくる情報に比べて重みを持ってしまう。

例えば、ある商品に一万円の値段がつけられていたとき、それだけでは高いか安いか判断できなくても、「希望小売価格の半額」という表示がされると、「希望小売価格」がアンカーになって安く感じてしまう。

前出の『経済は感情で動く』でも、アンカリング効果の例がいくつもあげられている。

ほとんどのジャケットが二万四〇〇〇円程度で売られている店で一万二〇〇〇円で売られ

## 図2　同じ12,000円のジャケットでも感じ方は正反対

同じ1着12,000円のジャケットでも、A店は「24,000円」、B店は「8000円」という価格帯がアンカー（錨）になるため、買い手の感じ方が正反対になる

**アンカリング効果**

初めに示された情報によって出発点が固定されると、
その情報のあとに出てくる情報に比べて
受け手が重みをもってしまうこと。

ている商品があったら、買い手は「買い得」と思う。一方、ほとんどのジャケットが八〇〇〇円で売られている店で一万二〇〇〇円の同じ商品があったら、「高い」と感じてしまう。同じ一着一万二〇〇〇円のジャケットでも、一方は二万四〇〇〇円、もう一方は八〇〇〇円という価格帯の情報がアンカーになるため、買い手の感じ方が正反対になるのだ（図2）。

　アウトレットモール（本来は正規の直営店では販売に適さない旧モデルやきずもの、余剰の在庫商品などを割安価格で扱う店）が各地で繁盛しているのも、「ア

ウトレットモール」という情報がアンカーになり、店がセール中でなくても年中安売りをしているように見えるからで、これもアンカリング効果だという。

また、会議で最初の発言者の意見に影響され、自分も同じ意見であるかのような気になり、議論が活発化しなくなってしまうのもアンカリング効果の一例のようだ。

セブン‐イレブンでもこんな例がある。コンビニのおにぎりといえば、価格は一個一三〇円前後が主流だが、あるとき売り上げが頭打ちになったため、価格を下げ、一個一〇〇円のおにぎりを開発し、発売したところ、非常にヒットしたことがあった。しかし、ヒットは半年しか続かなかった。

そこで、開発担当者はさらに低価格のおにぎりを発売しようとした。しかし、鈴木氏は再値下げ案にストップをかけた。一〇〇円おにぎりがヒットしたのは、顧客にとって、「一個一三〇円前後」という値段がアンカーになり、「一個一〇〇円」という仕かけが新鮮に感じられたからであって、価格をさらに下げても同じ効果は期待できないと考えたからだ。

そして、再値下げ案にかわる次の新しい仕かけとして一個一六〇円前後と既存のコンビニおにぎりの常識を打ち破った「こだわりおむすび」を発案した。顧客は「高い」と思うが、その理由が「セブン‐イレブンが素材にこだわり、高品質を追求したことにある」と知り、納得する。こだわりおむすびはその年のヒット商品ランキングにランクされた。

## ◆玄人が陥りやすい「確証バイアス」

売り手もアンカリング効果にはまる。こだわりおむすびにしても、「一個一六〇円前後」という常識破りの値段に社内では当初、「高くて売れないのではないか」という反論があった。これは、「一個一三〇円前後」という値段がアンカーになって、判断に影響を及ぼしたからだ。

このアンカリング効果が高じるとどうなるか。ここに玄人の陥りがちな「思考の落とし穴」がある。

人間はいったん自分の考えが固定化してしまうと、それを裏づける情報やそれに沿った情報ばかりを集めて確証を得ようとするなる。そして、自分が聞きたくない反証の情報や自分の考えとは異なる意見を無視したり、軽視したりする傾向が表れる。

行動経済学で「確証バイアス」と呼ばれる思考の歪みだ。自分の考えが誤りであっても、誤りであることを示す可能性のある情報は無視するから、自分はいままでどおり正しいと思い込んで判断する。玄人が陥りがちなのは、この確証バイアスだ。

コンビニエンスストアの経営を始める人には、前はスーパーの店長などを経験し、自分を「商売の玄人」と思っている人も少なくない。しかし、「**自分は玄人であると思っている人ほど判断のズレを生じやすい**」と鈴木氏は次のように指摘する。

◎提言21

# 「自分は玄人」と思い込んでいる人ほど判断のズレが生じる

「〝自分は玄人〟であると思っている人の特徴は、過去の成功体験によって、ハッピーな結果とそれをもたらした方法がセットで刷り込まれてしまっていることです。その方法を熟知していることが素人との違いだと思い込んでいるため、困難に直面すればするほど、うまくいった同じ方法をとろうとします。

何より問題なのは、状況の変化を示す新しい情報がもたらされても、〝うちは違う〟〝そんなことはない〟といって、自分に都合の悪い話は聞こうとしないことです。そのため、顧客のニーズの変化に追いついていないことに気づかないまま、自分の考えどおりにやろうとする。結果、過去の成功体験の中にとどまり、顧客の生活感覚や日常感覚からズレてしまうのです。

自分は玄人だと思っている人に限って、売り手の立場から顧客とはこういうものだと勝手に思い込む。そして、自分の先入観を裏づける情報を見つけようとするため、いつまで経っても顧客の生活感覚で考えることができないのです。

「顧客のニーズの変化をつかむには、自身、生活感覚を持った素人の感覚のほうが重要で、なまじ玄人のほうが判断にズレが生じてしまうのです」

## ◆玄人と素人の対立を乗り越え成功したセブン銀行の例

素人の生活感覚と玄人の固定観念が対立した例として鈴木氏がよくあげるのが、この不景気の中でも好業績を続けるセブン銀行だ。

流通企業が自前の銀行を持つ。しかも、融資やローンなどは行わない決済専門銀行をつくり、顧客が主にセブン－イレブンの店舗に設置するATM（現金自動預払機）を利用する際の手数料を収益の柱に据える。金融の玄人からは「事業として成り立つわけがない」「素人が始めても失敗する」と全否定された。

設立準備の過程でも、関係のある銀行団から設立プロジェクトへ派遣された玄人集団とセブン－イレブンやヨーカ堂などグループ内から選ばれた素人集団との間で初めはあつれきが生じた。素人集団が考え出したアイデアの一つ一つが、玄人集団にとっては「こんなことは不可能だ」と映ったためだ。

例えば、新しいATMの開発もそうだった。素人集団の発想はこうだ。ATMの利用手数料を収益の柱にする決済専門銀行の経営が成り立つためには、徹底したローコスト運営が必要であり、高級外車一台分のコストがかかる既存のATMでは難しい。ならば、コスト的に成り立つＡＴＭを新たに開発する。

一方、玄人集団の考え方はこうだ。ＡＴＭに高級外車一台分のコストがかかるのは、顧客のためになるような優れたＡＴＭをつくるにはそれだけのコストが必要だからである。だから、素人集団が考えるようなコスト三分の一のＡＴＭなど絶対不可能であると。ここで、玄人が陥りがちな確証バイアスが働き、自分たちの考えとは異なる低コストＡＴＭを実現する方法は軽視するようになる。

この対立をどう乗り越えていったのか。素人集団は玄人集団に対し、顧客の生活感覚を知ってもらうため、一人の顧客として店舗に買いものに出かけてくれるよう、繰り返し働きかけた。これに率先して応えたのが、元日本銀行理事で、一時国有化された日本長期信用銀行（現・新生銀行）の頭取として幕引き役を引き受け、次いでセブン銀行社長への就任を請われて着任した安斎隆氏だった。それまでスーパーで買いものをすることがなかった安斎氏は、ヨーカ堂で一着八〇〇〇円のスーツを買い、会社からの帰宅途中でセブン－イレブンでおでんを買い、地方出張の際も一般的なビジネスホテルに泊まり、世の中の生活感覚からものごとを見る姿勢を自ら示していった。

こうして時間が経つにつれ、玄人集団の中にも次第に変化が表れていった。いまは可能にする方法がなければ自分たちでつくればいいという素人集団の発想に触発され、最終的には一緒になって新しいやり方に挑戦していった。セブン銀行は最高益の更新を続け、いまやグループ内の優良企業へと成長している。

◎提言22

# 玄人は前例のないことをすぐに〝こんなのは不可能だ〟と考える

「前例のない新しいことをする場合、自分は玄人だと思っている人は過去の経験や業界の常識などが先行して、〝こんなことは不可能だ〟と考えがちです。市場が右肩上がりの一本調子で伸びていき、昨日売れたものが今日も売れた時代には経験がものをいいました。

一方、過去の経験や既存の常識に染まっていない純粋さ、それが素人の強さです。変化の激しいいまの時代、なまじ過去に成功体験のある玄人より、まったくの素人や前例にとらわれない素人のような発想ができる人、あるいは、素人的な発想を軽視せずに耳を傾けられる人を持ってきたほうがいいことが多いのです」

**◆最悪なのは組織全体に判断のズレが及ぶこと**

確証バイアスは組織内の上司と部下の関係においても生じやすい。部下が現場の情報を上に上げようとしても、その情報が上司の固定した考え方を否定する内容であったりすると、上司の中で「自分に都合の悪い情報はできるだけ聞きたくない」という心理が働き、軽視したり、無視するようになる。その結果、現場の実態とはズレた情報しか上に上がらなくなってしまうのだ。

悪影響は部下へも及ぶ。新人が最初に出会った上司や配属された組織の固定した考え方に染まり、それがアンカーになって刷り込まれてしまうのだ。

◎提言23

## 新入社員も要注意！最初に出会った上司のやり方に染まってしまう

「新人なら素人なので過去のやり方にとらわれずに仕事ができるかというと、必ずしもそうではありません。新人も既存の考え方が染み込んだ現場で仕事のやり方を学びますから、初めこそ疑問に思っても、すぐに馴染み、〝半玄人〟になってしまいます。若手はよく、早く仕事に慣れろといわれますが、それが過去のやり方に馴染むことを意味するならば、けっして仕事に慣れてはいけない。常に自分の経験を否定的に問い直していくことです」

最悪なのは、組織全体が次第に確証バイアスに陥り、自分たちに都合のいい情報ばかりを集め、都合の悪い情報を排除してしまうことだろう。組織は完全に硬直化していく。

鈴木氏の語録の中に、「**みんなが賛成することはたいてい失敗し、みんなが反対することはたいてい成功する**」という名言がある。ある提案に対して、みんなが賛成する、あるいは、みんなが反対するのは組織全体が確証バイアスに陥っている可能性が高い。

ここから脱するには、鈴木氏がいうように「**常に自分の経験を否定的に問い直していく**」ことだ。組織に染み込んだ固定観念のもとになっている過去の成功体験は何かを見きわめる。そして、それを否定する情報にこそ、活路を開くカギが秘められているという発想が何より求められる。

過去の成功体験を否定するのは、苦痛がともなう。しかし、セブン銀行設立プロジェクトの玄人集団が自分たちの考え方を変えていったように、「顧客の立場で」考えて正しいことであれば、苦痛を乗り越える力が湧く。次項で「顧客のために」と「顧客の立場で」の違いを鈴木氏に説いてもらおう。

# なぜ、売り手は「顧客のために」といいつつ、自分の都合で考えてしまうのか

## ◆「顧客の立場で」考えれば、自分たちに都合の悪いことも実行できる

ヒューリスティクス（思考の近道）による判断はときとして、本来とるべき選択から大きくズレてしまう。しかし、ヒューリスティクスは人間の心理と深く結びついているため、本人はなかなか気づかない。むしろ、そう判断するのが当然と思い込んでいることが多い。

例えば、自分の判断が本当の顧客のニーズとズレているのに、自分は間違っていないと思い込む。そのとき、売り手側が決まって口にするのが「顧客のために」という言葉だと鈴木氏はいう。

◎提言24

# 売り手が「顧客のために」というときは自分の都合の範囲内が多い

「自分では〝顧客のために〟と考えて行ったのに顧客のニーズとズレて成果が出ないと、原因を自分の判断や行動にではなく、別のことに求めようとする。下手をすると、〝なんでお客はわからないのだろうか〟などと顧客に矛先を向けたりします。

私は〝顧客のために〟と考えるのと〝顧客の立場で〟考えるのとでは、似ているようでまったく違うといい続けてきました。〝顧客のために〟というと耳に心地よい響きがありますが、あくまでも自分たちの仕事を中心にして、その範囲内で何かをはからおうとする。〝顧客のために〟といいつつ、結局、自分たちの都合のいい範囲内でできることにとどまっていることが少なくないのです。

それはあくまでも、〝売り手の立場で〟考える発想です。悪くすると、顧客に自分たちの都合を押しつけることになってしまいがちです。

一方、常に〝顧客の立場で〟考え、いまどんな商品がほしいか、どのようなサービスが必要かを考える。それには自分の経験をいったん否定し、先入観を払拭して、頭の中をいつもまっさらの状態にして考えることが何より大切です。

売り手の都合と買い手の都合はまったく違い、買い手にとって都合がいいことは、売り手にとっては不都合なことが多い。顧客の都合に合わせることは、自分たちにとって苦痛をともなう変化をもたらすものです。しかし、成果を出すにはその苦痛に耐えることが必要です。

逆に売り手が苦痛を避けて、自分たちの都合を買い手に押しつけると、顧客が苦痛を感じることになります。自分たちにとっては不都合でも、顧客が求めていることを実現するため、自分たちの仕事の仕方を変える。それが顧客の立場に立った仕事の仕方です」

---

## ◆「無能化」しないためにも常に「顧客の立場で」考え続けることが必要

鈴木氏は長く、日本最大の流通グループのトップを務めているが、自身は販売や営業の経験がない。大学を卒業後、出版取次大手のトーハン（当時は東京出版販売）に就職し、三〇歳のときにヨーカ堂へ転職してからは、もっぱら人事や広報といった管理部門を担当し、レジ打ちをしたこともない。

「それでも、流通企業のトップとして経営を続けることができたのは、営業経験がなくても〝顧客の立場で〟考えることはできる、というよりは、営業経験がない分、〝顧客の立場で〟考えることしかできなかった。それがむしろ私にとってはよかったように思う」

と、鈴木氏は話す。

「誰もが無能レベルに達するまで昇進する」という法則がある。「ピーターの法則」と呼ばれる。あるレベルでは有能であっても、昇進するにつれ、より責任の重い仕事になっていくため、どこかで有能ではなくなり、無能さを露呈してしまうという法則だ。

営業マンとしては敏腕でも管理職となり、求められる能力が変わると、部下をうまくマネジメントできなくなってしまう。役員としては部門を管理できても、社長としてはリーダーシップを発揮できない。南カリフォルニア大学教授だった教育学者ローレンス・J・ピーター博士が考え出した法則で、その著書には、無能レベルに達するとどうなるか、その症候群がいろいろあげられている。

ピーターの法則は実際に証明されたものではなく、世の中はこう見たらどうだろうかという提案の本だが、「うちの会社でもあるある」と思わず納得してしまう。

無能になる原因はさまざまだろうが、確証バイアスもその一つだろう。ある職位での成功体験が強く印象づけられて、考え方が固定してしまい、聞きたくない情報は無視してしまう。職位が上がると、より広い視野でものごとを考えなければならないため、自分の考えと矛盾する情報も重視しなければならないが、それができず、無能化してしまう。

では、どの職位についても無能にならないためには、どうすればいいのか。鈴木氏の発想法は一つの答えを示している。常に「顧客の立場で」考える習慣をつければ、固定した考えや組織の狭い世界を超えた一つ上の視界を持つことができるようになり、無能化を突破できる。顧客の視線の中に入って、過去の延長ではなく未来の可能性へと目を向け続ければ、どの職位にいても無能化することはない。

## ◆「顧客の立場で」考え、思考のズレから脱する

鈴木氏の場合、営業や販売の経験がなかった分、常に「顧客の立場で」考え、売り手が陥りがちな「確証バイアス」に陥らずにすんだ。

例えば、セブン‐イレブンの草創期、コンビニで弁当や手巻きおにぎりを販売することを発案したとき、「そんなものは家でつくるのが常識で売れるわけない」とまわりから反対された。しかし、われわれがよく口にする「常識」とは、実は自分の身のまわりにある現状をもとにした固定観念で、「どの家も同じはず」と思い込み、それに反する情報は排除しているだけであることが多い。

「常識とは一八歳までに身につけた偏見のコレクションのことをいう」とは物理学者アインシュタインの名言だ。

本当に「おにぎりは家でつくるのが常識」であったら、セブン‐イレブンのおにぎりが年間一二億五〇〇〇万個も売れる定番商品になることはなかっただろう。

セブン‐イレブンという組織自体、店舗での販売の第一線から経営トップに至るまで、

「顧客の立場で」考えることを何より重要視し、既存の常識や組織の論理を超えた一つの上の視界を持ち続けたからこそ、保守的な心理に陥らず、三十数年にわたって業界トップの地位を保ち続けることができたといえる。

◎提言25

# 新しい需要は店の中ではなく外にある

「売り手として常に問われるのは、従来どおりの品揃えで満足する顧客だけを相手にするのか、それとも新しいマーケットを開拓する意欲を持つかです。弁当やおにぎりにしても、もし、われわれが〝常識〟と思っていることにしたがえば、現状に満足する顧客だけしか呼べず、やがて飽きられ、縮小均衡の途をたどっていたでしょう。

これに対し、われわれは常に、こういうものを提供したら顧客に便利に使ってもらえるのではないかと発想し、新しいマーケットを開拓し続ける意欲を持ち続けました。弁当やおにぎりも、〝コンビニで買う機会を提供することによって、これまで来てもらえなかった新しい顧客を呼ぶことができる〟〝新たな需要は店の中ではなく外にある〟と考えて挑戦した結果、いまではどちらもコンビニになくてはならない商品になっています。

**最初はあまり売れなくても、自分たちの考え方に自信を持って提供し続けると、認知度が一定レベルに達したところで潜在的なニーズが一気に顕在化するのです」**

売り手が陥りがちな「思考の落とし穴」。そこから抜け出すには、一つには「顧客のためにではなく、常に「顧客の立場で」考える思考習慣が必要だ。そして、もう一つ重要なのは、損失回避の心理を逆転させることだ。それには「見えないロス」を「見える化」し、「見えるロス」のほうに向いてしまう目線を転換しなければならない。

次の章では、心理を逆転し、目線を転換する方法を探ってみよう。

# 第3章 人はなぜ、「長期的な利益」より「目先の楽さ」を大きく感じてしまうのか

## ◆「長期的な利益」を目指すか、「目先の楽さ」を追及するか

単品ごとに商品の売れ筋を把握し、死に筋を排除して、発注や商品開発や生産計画の精度を上げていく。変化の時代には、単品管理はあらゆる業種業態で求められるビジネスの基本原則といえる。

特にコンビニの場合、限られた店舗面積の中で二四時間営業を行い、米飯、調理パンなどのファストフード類、ソフトドリンク、カップラーメンなどの加工食品、牛乳や菓子パンなど日配食品、雑誌、化粧品、日用品、ゲームソフトに至るまで、顧客にとってほしい商品がほしいときにほしいだけある状態を可能な限り目指し、利便性で収益を上げる。

そのため、毎日、さまざまな情報をもとに単品ごとに明日の顧客のニーズを読み、商

品・数量の需要予測をしっかり立てて発注し、機会ロスと廃棄ロスを最小化していかなければならない。これがセブン－イレブンで創業当時から続けられてきた単品管理であり、強さの秘密の一つとなっている。一店舗あたりの平均日販が約六〇万円と他チェーンより一二～三万円高いのも、各店舗が単品管理を徹底して実行したことが大きい。

しかし、単品管理はそれを実践したからといって、一発で業績が上がるようなものでない。予測した売れ筋と実際の売れ行きがうまく合うこともあれば、ズレることもあり、けっして容易ではない。そこで、あまり深く考えずに発注し、楽をしようと思えばいくらでも楽なやり方はある。短期的にはそれが利益増に結びつく場合もある。そのため、人間は心理的には安易な方向に傾きがちだ。ここには一つの葛藤が生じる。

この章では、「目先の楽さ」や「目先の利益」に目を奪われる保守的な心理を逆転させる方法を考えてみたい。

# 人間はなぜ、「長期的な利益」より「目先の利益」に目を奪われるのか

## ◆人は、禁煙は健康によいとわかっていてもタバコを吸ってしまう

人間は、得られるはずの長期的な利益が大きくても、実感できるまでに時間がかかった場合、その時間によって割り引かれてしまい、目先の短期的な利益の方を大きく感じてしまう傾向がある。「時間割引」と呼ばれる傾向だ。

例えば、喫煙家は禁煙した方が健康によいとわかっていてもタバコを吸ってしまう。喫煙は肺ガンの発生率を高めるリスクがあることは科学的に照明されているし、肺ガンは死亡率が高い。しかし、禁煙したからといって、すぐに発ガンのリスクが減るわけではない。健康は長期にわたって得られる効用で「長期的な利益」だ。

一方、喫煙によるストレス解消などはいま得られる効用で「目先の利益」だ。健康のための禁煙の方が長期的な利益は大きくても、その効用の評価は時間によって割り引かれてしまう。そして、ストレス解消のための目先の一服の効用の方が大きく評価され、タバコに手が伸びてしまう（図3）。

## 図3 なぜ、「長期的な利益」より「目先の利益」に目が向いてしまうのか

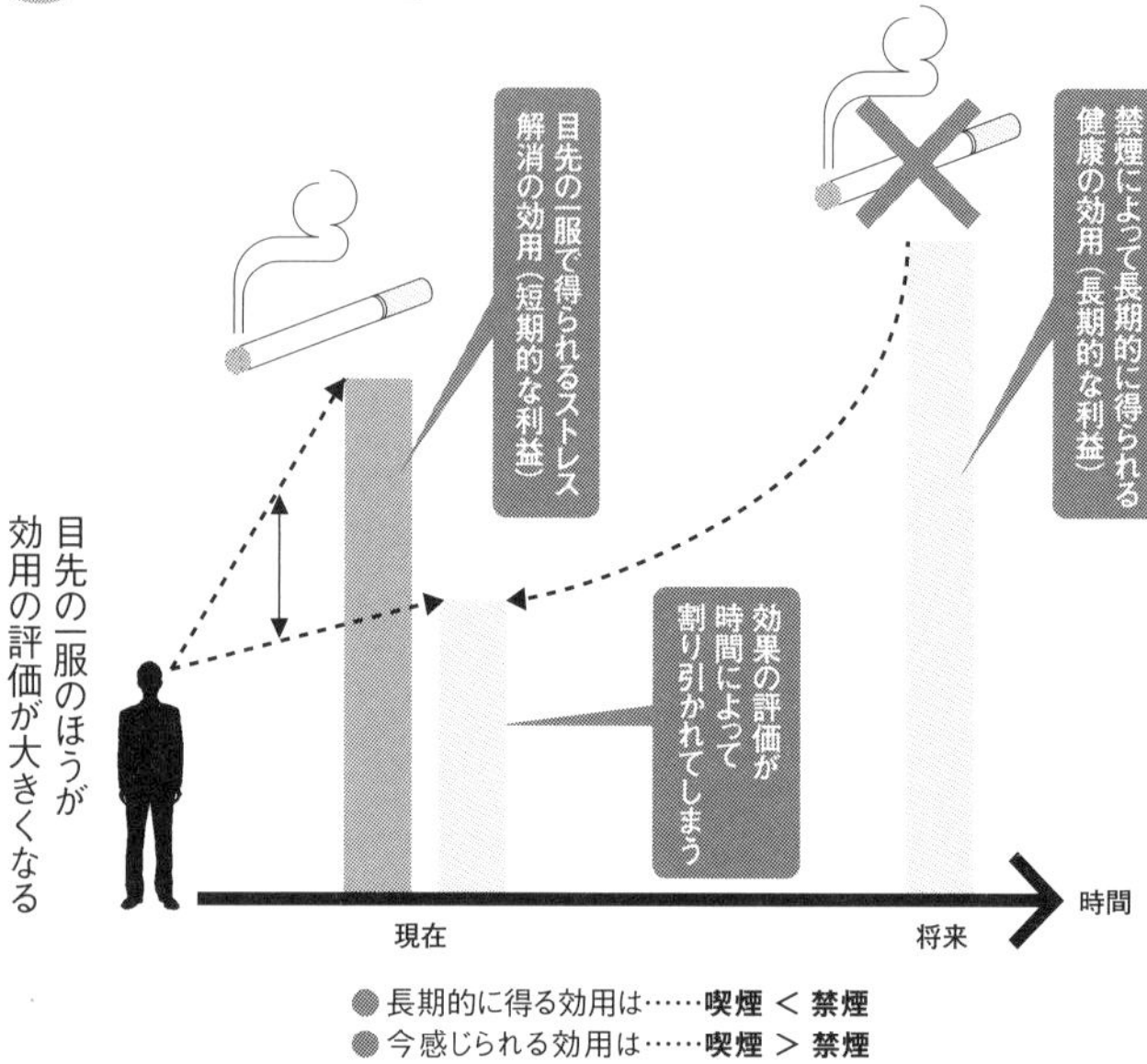


健康のため、禁煙のほうが長期的な利益は大きくても、得られるまでの時間によって効用の評価が割り引かれてしまう（時間割引）。ストレス解消のための目先の一服の効用のほうが大きく評価され、タバコに手が伸びてしまう。

ただ、割り引かれる度合いは個人によって異なる。今日一万円もらえるのと、一年後に一万円をもらえるのとでは、誰でも今日の一万円をとるだろう。では、一年後にいくらもらえるなら、そちらを選ぶかと問われたらどうか。仮に一万五〇〇〇円なら今日もらう一万円と満足度は同じと考えたとする。今日の一万円と一年後の一万五〇〇〇円が等価になり、価値が五〇％割り引かれたことになる。この比率を「時間割引率」と呼ぶ。

時間割引率は、誰もが同じではなく、五〇％の人もいれば、二〇％ぐらいで低い人もいる。

多分にその人のキャラクターによるのだろう。時間割引率の大きい人は、長期的利益が大きく割り引かれるため、短期的な利益の方に目を奪われやすい。

こうした時間割引の心理はビジネスにおいてもさまざまな場面で表れる。長期的な成長のためには投資が必要であるのに、目先の損益に目を奪われて投資を手控え、結果、踏み込んで投資の手を休めなかった競合に差をつけられてしまう。あるいは、将来的に成長が見込まれる新規顧客の開拓より、通い慣れたいまの取引先ばかりに足を向ける。結果、有望な取引先を競合にとられてしまう。

コンビニの経営も同様だ。単品管理の実践は長期にわたって利益が得られるため、発注の意思決定を行う時点では、将来の利益が割り引かれてしまう。そして、キャラクター的に割り引く比率の大きな人は、短期的な損得のほうに目を奪われてしまうのだ。

しかし、安易に流れるのは、「エネルギーを使わないために運動しないのと同じ」と鈴木氏はいう。

◎提言26

# 運動をして「経営の筋肉」を鍛えるか、ジッとして楽をするか

「例えば、われわれは健康体を維持するために運動をします。ただ、運動は今日やったからといって、すぐに効果が表れるわけではないし、実感もできません。長期にわたって効果が得られ、感じ取れるものです。

一方、運動すれば、エネルギーは消費され、疲れます。しない方が楽です。安易な方向に流れるのは、運動するときついし、疲れるし、しない方が楽だから、ジッとしていようと考えるのと同じ理屈です（図4）。

単品管理は運動と同じで、コンビニが健康な経営を維持するためには不可欠です。セブン－イレブンへ買い物に来た顧客が一番がっかりするのは何かといえば、買いたい商品が品切れしてないことです。そうならないため、単品ごとに売れ筋を把握し、しっかりと発注していく。それが単品管理です。

単品管理を続け、〝経営の筋肉〟を鍛え、健康体にする。単品管理をしたからって、すぐ筋肉がつくわけではありません。大切なのは、ひたすら続けることです。運動を続けるのが大変なように、単品管理を続けるのも簡単ではありません。

## 図4 長期的な「健康」か、目先の「楽」

店舗が行う「単品管理」は日々の「運動」と同じ

「運動」を毎日続けるのは大変…

「運動」を続ければ「経営の筋肉」がつき
長期にわたって「健康」になる。

→ 拡大均衡へ

「運動」をするとエネルギーを使う
しないほうが「楽」だ……。

→ 縮小均衡へ

**単品管理**：単品ごとに売れ筋をつかみ、死に筋を排除して発注の精度を上げていくこと

でも、経営の筋肉が鍛えられていけば、前は到達できなかった水準が到達できるようになり、今度はさらに高い水準へと進んでいこうという意欲がわきます。それが運動の効果であり、健康な経営です。その健康さは利便性に表れ、顧客に必ず伝わります。

対照的に、経営の筋肉があまり鍛えられていない店は、店頭にもそれが表れます。運動をして筋肉を鍛え、長期的に健康体を維持するか、運動をせずに目先の楽さをとるか。どの店舗も健康であってほしいし、その支援をする。それが本部の役割だと私は思っています」

◎提言27

# 多少の「無駄」は避けて通れない「必要悪」の面がある

「もちろん、単品管理をしっかり行っても、機会ロスを一〇〇%なくすと同時に廃棄ロスも一〇〇%なくすことはできないでしょう。来店された顧客ががっかりすることがないように品揃えすると、結果的に多少の廃棄は出ます。それは無駄になりますが、利便性を提供するコンビニとして避けて通れない〝必要悪〟です。

それは家庭でも同じでしょう。例えば、親二人、子供二人の家庭で食事の用意をするとき、毎回、ぴったりの量をつくることはまずあり得ないでしょう。親としては、子供に十分に満足してもらおうと、多少あまり気味につくるでしょう。

コンビニの場合も顧客に本当に満足してもらおうと思ったら、多めの発注を仕かけていくのは、当然のことです。そのかわり、廃棄を最小化するため、単品管理を続け、経営の筋肉を鍛え、発注精度を上げていく。この努力をしなければ、経営の筋肉は衰えていくだけです」

「目先の楽さ」に傾きがちな保守的な心理からどうすれば抜け出すことができるのか。ここで、発注における「仮説・検証」という鈴木流経営学の根幹が大きな意味を持ってくる。

鈴木敏文の仕事術指南⑦

# 「仮説・検証」により「機会ロス」を「見える化」する

## ◆一〇〇の損失や不満足を埋めるには二〇〇の利得や満足が必要

「経営の筋肉」を鍛えるより、「目先の楽さ」に傾き、リスクをとらない消極的なビジネスを行おうとするのは、損失回避の心理も強く働いている。

しかし、機会ロスよりも廃棄ロスに目が向き、廃棄を回避したいと思う損失回避の心理は消極的な発注を招き、結果、単品としての表現力が不足して売れ残る。この悪循環からどう脱するか。

人間は、一〇〇の利得より一〇〇の損失のほうを二～二・五倍大きく感じてしまう。そのため、一〇〇の損失にともなう不満足感を埋めるには、少なくとも二〇〇～二五〇の利得による満足感が必要ということになる。

ただ、廃棄ロスは目に見える損失で数字にも表れるが、その商品があれば得られるはずの利得は、そのままでは目に見えないし、数字にも表れない。

だから、努力した成果で機会ロスが生じなかったとしても、もともと目に見えなかったものだけに、利得も満足感もなかなか実感できない。

そこで必要なのは、機会ロスを「見える化」することだと鈴木氏はいう。

◎提言28

# 「仮説・検証」を行わないと機会ロスは〝見れども見えず〟になってしまう

「目に見える廃棄ロスに対し、目に見えない機会ロスのほうも〝見える化〟にするにはどうすればいいのか。必要なのは〝仮説〟を立て、結果を〝検証〟することです。

明日の天気予報や地域の行事など、顧客のニーズを感知させるような先行情報から、明日はどんな商品が売れ筋になるか、仮説を立て、思い切って多めに発注してみる。

販売した結果を〝検証〟し、仮説どおりに売れていれば、その売り上げの分、機会ロスが生じなかったことになります。

## 図5 「仮説・検証」で機会ロス（隠れた利得）を「見える化」する

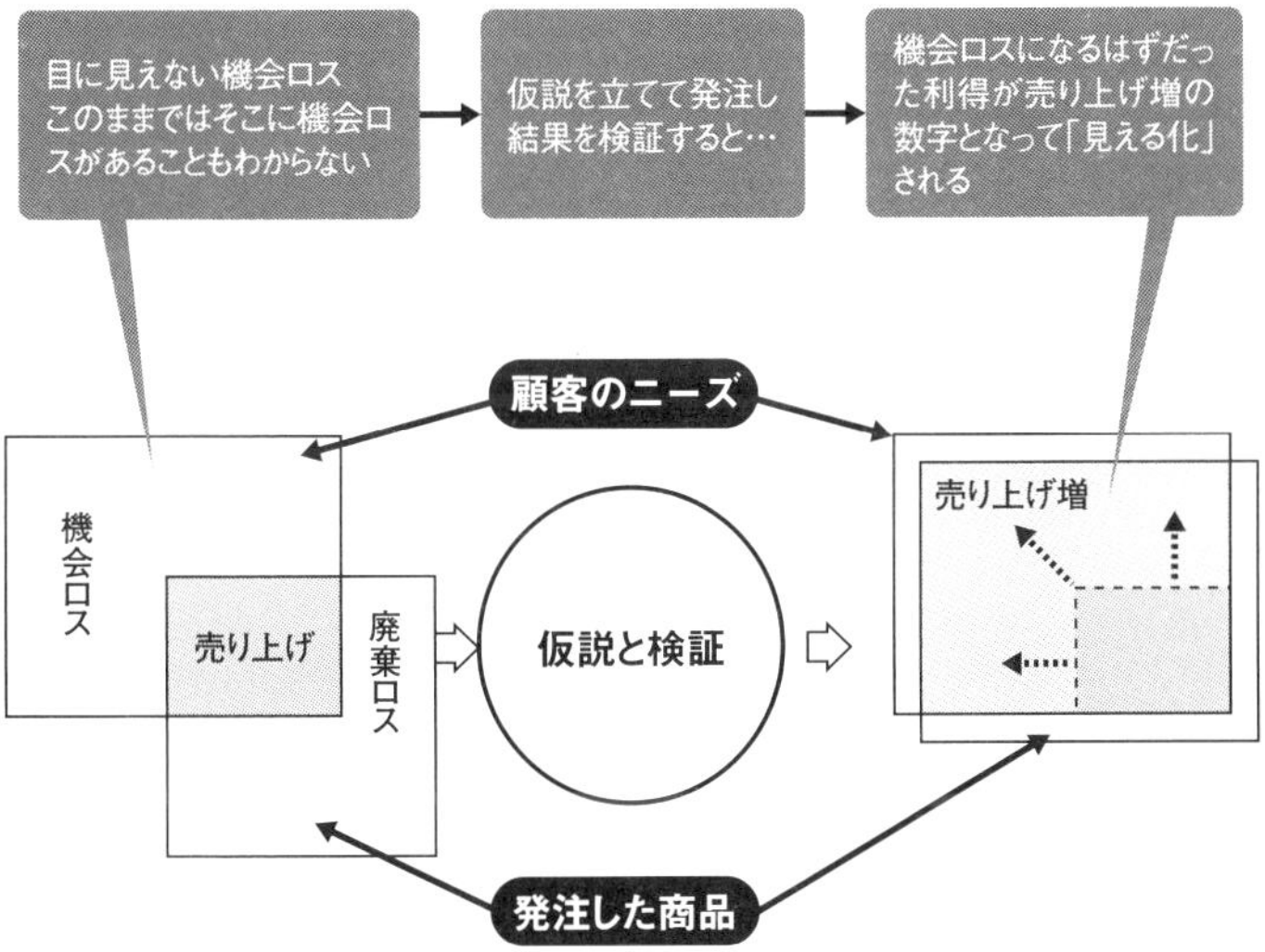
目に見えない機会ロス
このままではそこに機会ロスがあることもわからない
仮説を立てて発注し結果を検証すると…
機会ロスになるはずだった利得が売り上げ増の数字となって「見える化」される
顧客のニーズ
機会ロス
売り上げ
廃棄ロス
仮説と検証
売り上げ増
発注した商品

目に見えない顧客ニーズについて「仮説」を立てて発注し、結果を「検証」すれば、機会ロスになるはずだったものが売り上げ増として数字化され「見える化」される。

つまり、機会ロスになるはずだったものが、仮説と検証により意味を持った売り上げとなって〝数字化〟され、〝見える化〟されるわけです（図5）。よい結果が出れば、次もまた積極的に仮説を立てようという意識が高まります。

逆にもし、仮説を立てずに発注すれば、いつもより多く売れても、その売り上げが何を意味するのか、検証できず、ただの〝よく売れた〟で終わってしまうでしょう。

例えば、ある店舗で近くに体育館があったとします。そこで明日の日曜日に球技大会が開催されるという先行情報が入った。若年層が多く来場し、昼食を買い求めに来るだろうから、ハンバーグ弁当やオムライスなどボリューム感のある弁当が売れ筋になるだろうと仮説を立て、発注する。

結果を検証し、仮説どおりに売れていれば、機会ロスになる可能性もあった顧客のニーズを売り上げとして数字化させ、顕在化させることができたとわかります。

そして、次にまた何か催しが開かれるときは、その催しの内容に合わせて仮説を立てて発注しようと考える。

こうして仮説と検証を習慣づければ、廃棄ロスより機会ロスのほうに目が向くようになり、拡大均衡へ持っていくことができるはずです。

一方、あまり先行情報もとらず、明日は日曜日だから体育館の利用客が昼食を買いに来るだろうといった程度の考えで、仮説も立てず、いつもより弁当を全体的に多めに発注したとします。実際、利用客が買いに来て、売り上げが多めだったとします。

しかし、仮説を立てていないから、その売り上げの意味が検証できない。顧客は本当は別の弁当がほしかったのになかったから仕方なく、たまたま店頭に並んでいたものを消極的選択で買ったのかもしれません。

結果を検証できないので、次も同じような発注を繰り返す。前回、消極的選択で買った顧客はまた来店しても、今回は買わずに出て行くでしょう。きちっと仮説を立て、

**それを検証しない限り、機会ロスがどれだけあるか知ろうとしても、〝見れども見えず〟になってしまうのです」**

仮説と検証により、機会ロスになるはずだった利得が「数字化」され、「見える化」されて実感できるようになれば、大きな満足感を得られるようになる。さらに、仮説と検証を日々実践していけば、発注の精度が高まり、廃棄ロスも最小化していく。

この良循環に入っていけば、廃棄ロスによる損失より、機会ロスをなくすことによる利得のほうを大きく感じるようになり、長期的な利益への確信も高まり、そこで心理が逆転する。

最近、ビジネスを行うための仮説力に注目が集まる。仮説は何のために立てるのかといえば、何もしなければ機会ロスになっていたはずの顧客の潜在的なニーズを「見える化」し、ビジネスを拡大均衡へと持っていくための方法論にほかならない。

## ◆目的意識によって偶然を必然化する

常に仮説を立てて仕事をすることの大切さを、鈴木氏はこう話す。

◎提言29

# 幸運は挑戦するものにのみ訪れる

「仮説を立てるために必要なのは、どうすれば明日の顧客ニーズをつかむことができるかと考え続ける問題意識や、ニーズに応えることで拡大均衡を目指そうとする目的意識です。問題意識や目的意識が常に頭の中にあれば、それがフックになって、いろいろな先行情報が引っかかってきて、それが、仮説を立てるとっかかりになります。先行情報と出合うのは、偶然の部分もかなりあります。ただ、問題意識や目的意識を持って行動していると、何も考えずに行動していたらめぐり合えないような偶然も引き寄せることができます。その先行情報をもとに仮説を立てていけば、ほかの人がつかめないような顧客の潜在的ニーズを常につかむことができるようになります。幸運は挑戦する人に訪れる。根底にあるのは、新しいことに挑戦する意欲です」

常に問題意識と目的意識を持って仮説を立てる習慣を身につければ、偶然を必然化できる。成功とは幸運の連鎖であるとすれば、仮説を立て、挑戦する人間にのみ、幸運の神は微笑むということだろう。

誰もが陥る保守的な心理にとどまっている限り、成功にいたる切符を手に入れることはできない。

鈴木敏文の仕事術指南⑧

# 人は一人で考えていると保守的な心理に陥り、前に踏み出せない

## ◆「対話」から力を借りて保守的な心理を解放する

得られるはずの利得より目に見える損失のほうに目が向いてしまう。それが人間本来の心理であるとすれば、これを逆転し、仮設と検証を実践する前向きな姿勢に持っていくのは、けっして容易なことではないことも確かだ。自分一人の力では限界がある。

そこで、重要になってくるのが、まわりからの適切なアドバイスだ。セブン－イレブンの場合、全国各地に着任する約一七〇〇人のＯＦＣがその役割を担う。一人七～八店舗を担当し、週二回以上、担当店舗を訪問し、「対話」を通して改善ポイントなどを具体的にアドバイスする。

ややもすると保守的で消極的な経営に陥りがちなオーナーの心理を逆転させ、拡大均衡へと転じさせることができるかどうかは、多分に一人ひとりのＯＦＣのアドバイス力にか

かっている。ＯＦＣが行う「対話」の意味合いについて鈴木氏は次のように語る。

◎提言30

# 保守的な心理も「対話」をとおせば〝浄化〟することができる

「オーナーはいま来店している顧客に目が向きがちなのに対し、ＯＦＣには常に新しい顧客のニーズを探ることが課せられています。また、オーナーは目に見える廃棄ロスに目が向きがちですが、ＯＦＣは機会ロスをなくしていくことが課題の一つになっています。ここでニーズのとらえ方や品揃えの考え方にギャップが生じます。このギャップを解消するために必要なのが〝対話〟です。

なぜ、対話が大切かといえば、対話には人間の心理や考えを〝浄化〟する働きがあるからです。保守的な心理に陥り、思い込みにとらわれていたオーナーもＯＦＣと対話を重ねながら、セブン‐イレブンやコンビニエンスストアのあるべき姿について考え方や価値観が共有されていくと、考え方が少しずつ〝浄化〟され、新しいことに挑戦する意欲が湧く。ＯＦＣの役割はここにあるのです」

## 図6 人は「対話」の力を借りて保守的な心理を解放する

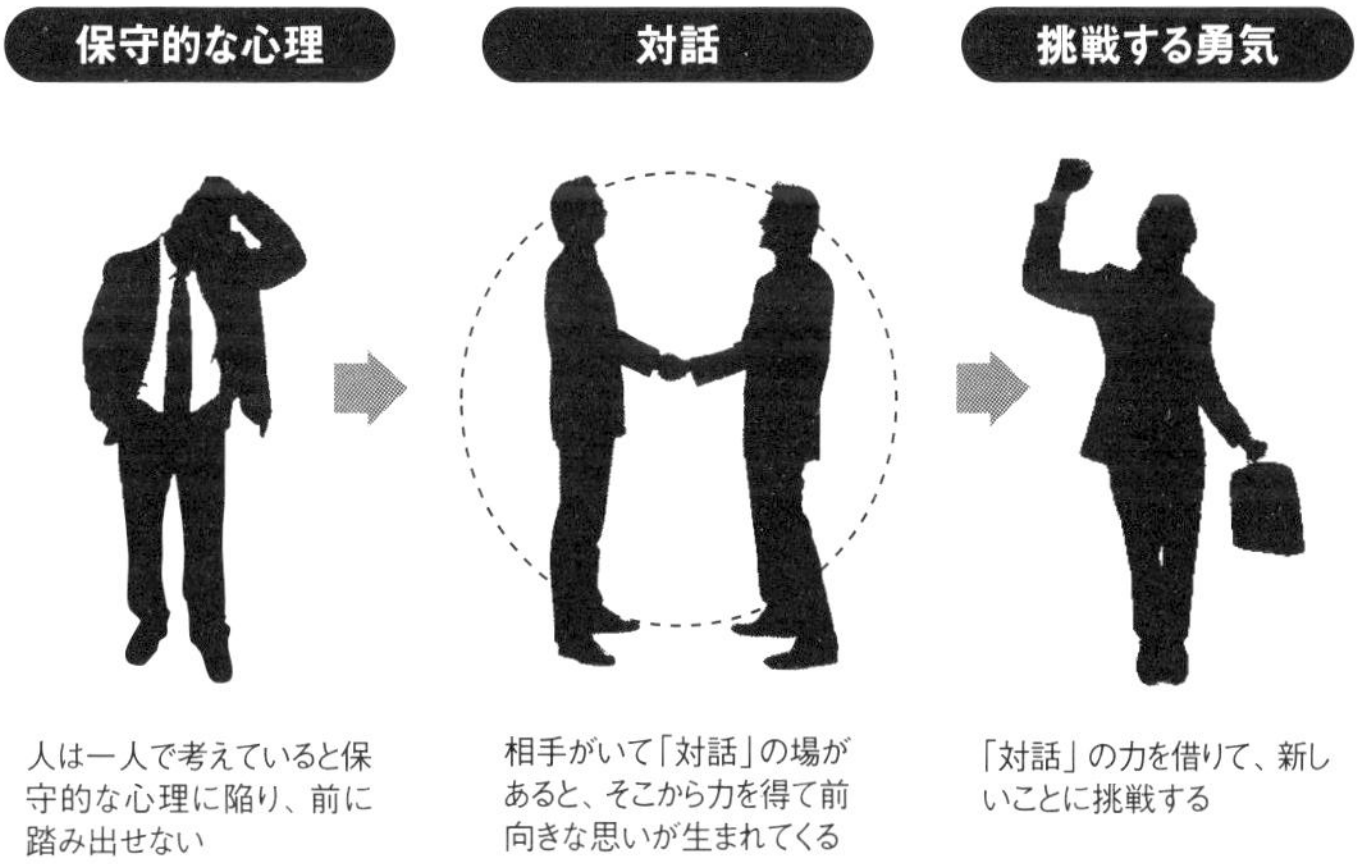


**「対話」には人の保守的な心理を解放する「浄化作用」がある**

人間は一人で考えていると、保守的な心理に陥り、なかなか前に踏み出せないが、相手がいて対話の場があると、そこから力を借りて前向きな思いが生まれてくる。あるいは、対話する相手の視点をとおして自分を客観的にとらえ直し、過去の経験に縛られている自分を脱することができる。これが鈴木氏のいうところの対話の浄化作用だろう（図6）。

対話を何より重視した古代ギリシャの哲学者たちも、人間の魂はいろいろな思い込みによって曇っているが、他者との対話によって「浄化」されていくと説いた。対話をとおして、漠として見えなかったものが見えるようになる。いまあるものがよりよいものへと高まっていく。鈴木氏のいう「浄化」も、同様の意味だろう。

セブン－イレブンの加盟店のオーナーがＯＦＣとの対話をとおして、保守的な心理から挑戦へと転じていった例を見てみよう。

## ◆悪循環を脱したコンビニ経営者の事例

その店は都心の住宅地の商店街にあり、人通りが多く立地的には恵まれていた。客層には単身者や学生が多いことから、惣菜類の売り上げが十分に期待できたが、まったくふるわなかった。原因はやはり発注の仕方にあった。

そのオーナーＡ氏は前は中堅スーパーのチェーンで店長を務めていた。四十代後半で独立したのだが、長年のスーパー時代の仕事の仕方が抜け切れていなかった。スーパーでは閉店時間が迫ると、見切り販売をして廃棄ロスをできるだけ出さないようにする。Ａ氏もスーパーの店長時代、いちばんの悩みは廃棄ロスの問題だった。毎日、閉店後、廃棄する商品が出てしまい、それが数字になって表れた。

コンビニの経営を始めてからもスーパー時代の経験が頭の隅に残っていて、もし、売れ残ったらどうしようかという廃棄ロスへの恐怖感が働き、発注が消極的になってしまった。少なめに発注しては売れ残ってしまう。その繰り返しで、悪循環に陥っていた。

ただ、A氏は自分の力を試してみたいと独立した経緯があり、前向きな意欲はあった。担当の中堅OFCはここに期待した。A氏と打ち合わせのたびに、「もっと思い切って展開してみましょう」「きっとうまくいきます」と積極策に転じるよう熱心にアドバイスを続けた。

このアドバイスに力を得て、A氏は惣菜の売れ筋を読んで種類も量も大幅に増やし、陳列する棚も増やした。米飯を横に並べるなど関連陳列にも工夫を凝らした。売り上げは大きく伸び、以降、落ちることはなかった。自信を得たA氏は他の商品についても積極策に転じ、次々と水平展開していった。

### ◆内向きから外向きに転じたコンビニ経営者の事例

二つ目の例は、「うちの店ではそんな商品は売れない」「そういう商品を買うお客はうちには来ない」と思い込み、内向きになっていたオーナーの目線を外に向けさせ、新しい可能性に気づかせたケースだ。

夏場ににぎわうリゾート地の店舗でのことだ。キャンプブームが下火になり、近くに競合店が増えたこともあって、真夏のピーク時の売り上げが伸び悩んでいた。しかし、オーナーは「うちは行楽シーズンで儲ける店」という過去の成功体験に縛られたまま、いま来店しているリゾート客から目が離れず、地域に住む顧客に向けた新しい取り組みを行おうという意識を持てずにいた。

新しい取り組みを行った場合、新たな利益が得られる可能性がある。しかし、いまのやり方を変えると、これまで得られてきた利益が失われる可能性もある。こうした場合、人間は新しい取り組みを始めるほうが合理的であっても、損失回避の心理が働いて現状を変えるより、維持するほうを選んでしまう。行動経済学で損失回避性がもたらす「現状維持バイアス」と呼ばれる判断の歪みだ。

その店舗のオーナーも、リゾート客の来店が伸び悩んでいる以上、新しい顧客を開拓するほうが合理的な判断であっても、現状維持バイアスに陥っていた。これを打破するため、担当ＯＦＣはこう提案した。

「地域のお客様にも来店していただけるよう、もっと接客に力を入れてみませんか。年間を通じて売り上げを高めていけるはずです」

オーナーはあまり関心を示さなかった。そこで、ＯＦＣは地域へ目を向けさせる前にまず、新しい取り組みへ一歩踏み出してもらおうと、夏のピーク時にフランクフルトの販売キャンペーンを提案した。オーナーは多忙さを理由に初めは耳を貸さなかった。それでも繰り返し提案すると、アルバイトやパートのスタッフが乗り気になってくれて実施にこぎつけることができた。キャンペーンではみんなで顧客へ声かけを行い、結果は全国でも成績上位にランクされるほど大成功を収めた。

新しい取り組みの成果が大きな数字となって「見える化」されたことにより、オーナーは挑戦することの大切さに気づき、以来、チラシを一軒一軒配るなど、地域の顧客の取り込みにも力を入れるようになり、新しい常連客を増やしていった。

### ◆誰もが保守的心理に陥らないように仕組み化する

人間は一人で考えていると損失回避の心理に陥り、現状維持バイアスがかかったまま、なかなか新しいことに踏み出せない。そこで、OFCが適切なアドバイスと熱意でオーナーの背中を押し続け、保守的な心理を解放していく。だから、話し方や伝え方が重要な意味を持ってくる。

そのOFCも担当地域を一人で回っていると、保守的な心理に傾き、思考の落とし穴にはまってしまう可能性がある。そこで、全国から約一七〇〇人のOFCを隔週で東京の本部に集めて、一日がかりでFC会議を開催し、最新の情報提供や成功事例の共有を図るとともに、トップ自ら、フェース・トゥ・フェースのダイレクト・コミュニケーションで語りかけ、常に挑戦することの大切さを繰り返し説く。

セブン‐イレブンでは、加盟店側と本部側は共同事業を行い、各加盟店は店舗経営と販売に専念し、本部は店舗経営のバックアップを行う。この共同事業のあり方そのものが、売り手として保守的な心理に陥らないように、あるいは、ヒューリスティクスとそのバイアスにより判断がゆがまないように、仕組み化されている。ここに一店舗あたりの平均日販で他チェーンを一〇万円以上引き離す強さの秘密がある。

鈴木敏文の仕事術指南⑨

## 人は挑戦して失敗するより、挑戦しないほうを後悔するようになる

### ◆株の投資家は「熱烈な巨人ファン」の心理に似ている

ところで、損失回避の行動は、株式投資などでも見られるという。鈴木氏も大学四年生のときから、「経済の勉強になる」と先輩に勧められ、株式投資を始めている。学生時代は「結構こづかい稼ぎができた」。

トーハンに就職してからも、信用買い（証券会社から資金を借りて株式を買う）や仕手株（投機的に大量に売買される株）も手がけ、「いっぱしの投資家気取り」だった。ヨーカ堂へ転じてからは仕事に追われ、株式投資から遠のいたが、いまでも株については一家言持つ。「**株取引をする人間の心理は熱烈な巨人ファン**」に似ているという。自身、根っからの巨人ファンの鈴木氏が話す。

◎提言31

# 人は株価が下がっても、そんなに下がるはずがないと考える

「巨人ファンは巨人軍が連勝を続けると、このままずっと勝ち続けると思い込みます。反対に負け始めると、最初はそんなに負けるはずがないと思いながらも、どんどん負けが込むとこのままずっと負け続けるのではないか、もう駄目だと急に弱気になる。

株式投資をする人も株価が上がっているときは、いつまでも上がっていくものだと思い込み、いま売ったら損をすると考える。一転、株価が下がると初めはそんなに下がるはずがない、必ず戻ると考え、それが下がり続けると、もっと下がるだろうと弱気になる。ただ、売れば損が出るので、それを嫌がって売り遅れる。これが株式投資の典型的な心理です。

私が株式投資を行っていちばん実感したのは、株価はずっと上がり続けることはなく、上昇が続いたあとには必ず下降に入り、同様にずっと下がり続けることもなく、下降が続いたあとは上昇に転じるということです。

下降に転じたとき、これはもっと下がるからいまが売るタイミングだと目利きできる人は、下げても儲けることができます。ただ、誰もがこれをできるわけではありま

**せん。たいていの人は巨人ファンが〝巨人の虜〟になってしまうように、株取引を始めると〝株の虜〟になって、客観的な判断ができなくなってしまうのです」**

## ◆人は「しなかった後悔」より、「してしまった後悔」を回避しようとする

株価が買ったときの値段より下がっても、売って現金に換えるまでは、現実には損が確定しているわけではない。売って損失を出して後悔するより、いまのまま持っていようと損失回避の心理が働き、下がり目の株を売り遅れてしまう。

標準的な経済学では、人間はいちばん効率よく利益を得るための行動をとると考えられているが、現実には後悔することを嫌って、後悔する可能性をできるだけ小さくしようと行動する。このとき、人間は同じ後悔でも、「しなかった後悔」より、「してしまった後悔」のほうが心理的にこたえるという。『経済は感情で動く』では次のA、B、二つのケースが紹介される。

A　保有している株を売り、Y社の株を買おうとしたが、買わないままにしてしまった。もし、買っていたら一五〇万円、得をしていたことがわかった。

B　所有するY社の株を売り、別の会社の株を買った。もし、Y社の株を売らなかったら一五〇万円、得をしていたことがわかった。

どちらも一五〇万円儲けることができなかったのは同じだが、「どちらがより悔しい

か」を被験者に聞く実験を行ったところ、多くの人がAの「買っていたら得していたのに買わなかった」ほうより、Bの「売らなかったら得していたのに売ってしまった」ほうが「余計に悔しい」と答えたという。

しなかったことより、してしまったことのほうを悔やむ。そこで、後悔をしたくないので、現状を変えるより、維持するほうを選ぶ。あるいは、自信がないので決心を先延ばししていく。

後悔を避けたい心理が意思決定に大きく影響することを、行動経済学では「後悔回避」と呼ぶ。これが、現状維持バイアスに拍車をかける。この心理は仕事を行うときにも働く。

しかし、後悔回避の心理のままでは日常の仕事で成果は出せないと、鈴木氏はいう。

◎提言32

# 一生懸命仕事をしてもなぜ、成果が出ないのか

「挑戦をすれば、当然、失敗もあります。失敗して後悔したくないという心理も働くでしょう。後悔するのが嫌だったらやらなければいい。しかし、いつまで経っても、いまのままでしょう。

自分だけ、なぜ仕事で成果を出せないのかと思い悩んでいる人たちは、日々の仕事において、どれだけ一歩踏み込んだ取り組みをしているでしょうか。成績が伸びない人に限って、何も挑戦的なことをしていない。

いや自分は一生懸命仕事をしている、と思っているかもしれません。実際、怠けたために成績が伸び悩むというより、一生懸命働いているのだけれど成果に結びつかない場合のほうが多いでしょう。しかし、単に一生懸命働くのと、仮説を立てて挑戦するのとはまったく違います。一生懸命働いていることは挑戦しないことへのいい訳にはなりません」

---

## ◆人は長期的には逆に「しなかったこと」を後悔するようになる

人間は「したこと」による失敗を後悔する。しかし、これは短期的な話で、人間は時間が経つと感じ方が変わり、長期的には「しなかったこと」のほうを後悔するようになるという。「あのとき、失敗しても挑戦しておけばよかった」と後悔するわけだ。そんな経験は多くの人がしていることだろう。

「**いまの時代はむしろ、しないことのほうがリスクが高い**」と鈴木氏はいう。

◎提言33

# 新しいことに挑戦しないほうが失敗するリスクは大きい

「誰しも、いままで経験していない新しいことに挑戦するのは大きなリスクがあるように思うでしょう。だから、失敗したら怖いと感じてしまう。確かに、挑戦にはリスクがともないます。

しかし、市場が激しく変化している時代は、挑戦しないでいままでどおりのことをしているほうが、はるかに失敗するリスクが大きいのです。

挑戦せずに失敗して後悔するより、失敗するかもしれなくても、リスクをとって挑戦する。初めにきちっと仮説を立てれば、仮に失敗しても、結果を検証することで次に活かすことができます。成功する確率も高まり、挑戦するのが当たり前になっていく。挑戦するとき、仮説と検証をしっかり行えば、好循環に入っていくことができるのです」

いまの自分は確かになかなか前には進めずにいるが、それは足踏みしているだけで、後ずさりはしていないと思っていても、それ自体、取り残されるリスクが高い行為なのだ。

重ねていうが、保守的な心理は誰もが陥る。だからこそ、そこからいち早く抜け出し、挑戦したものだけが成功を手中にできる。成否はその一歩で決まるといっても過言ではないだろう。

では、顧客と向き合うときは、どのような挑戦が求められているのか。

第2、第3章では売り手が陥りがちな保守的な心理や、はまりがちなヒューリスティクスについてとりあげ、そこから脱する方法を考えた。一方、顧客と相対するときは反対に、買い手のヒューリスティクスに的確に対応していかなければならない。

キーフレーズは「商売は感情で動く」。Ⅱ部の第4、第5章では「経済は心理学で考えなければならない」が持論の鈴木流売り方説法に耳を傾けよう。

# 第II部

# 商売は感情で動く

第4章

# どうすれば不況下でも買ってもらえるか

## ◆買い手も「思考の近道」や「思考の落とし穴」にはまる

人間は必ずしも合理的な行動をとるとは限らず、多くの場合、感情や心理に左右され、非合理的な行動をとる。そのため、売り手はややもすると、保守的な心理に陥り、売れない店はますます売れなくなり、縮小均衡の途をたどる。

そこで、拡大均衡を目指すためには、人間が陥りがちなヒューリスティクス（「思考の近道」もしくは「思考の落とし穴」）から脱し、目線を内から外へ、後ろから前へ、過去から未来へと向けなければならない。

では、買い手側の顧客はどうだろうか。標準的な経済学においては、人間は効用（消費することから得られる満足の水準）を最大化するため、合理的な判断や行動をとると考えられている。しかし、現実の買い手は感情や心理に大きく影響され、直感的にヒューリスティクスで判断することが多い。

売り手側から見て、買い手側の顧客がいつも「わがまま」で「矛盾」しているのは、そのためだ。例えば、日本の消費者ほど生鮮食品の鮮度にこだわる消費者はいない。ところが、マグロの刺身は柵で買って、食べる直前に切ったほうが新鮮なのに、カットされておいる造りになっているほうを選ぶ。同じおでんでも、コンビニでは自分で好きなネタを選べる方法を好むのに、スーパーではパック詰めを求める。きわめて非合理だ。

では、顧客に対して、非合理的な購買行動から脱して、もっと合理的になるよう求めることはできるのだろうか。そんなことをしようものなら、一日で会社も、店もつぶれるだろう。

## ◆鈴木流「感情経済学」の奥義を探る

難しいのは、売り手が陥る非合理的なヒューリスティクスと買い手がはまる非合理的なヒューリスティクスが合致しないことだ。例えば、完売に対する反応だ。売り手は損失回避の心理が働き、廃棄ロスが回避できたと喜ぶ。

しかし、買い手はどうか。「商品が売り切れれば、店頭からなくなるのは当然である」などとは思わない。買いたかった商品が買えなかった損失を大きく感じ、「自分は損をした」と不満を抱く。

しかも、「**消費が飽和した日本の消費者は世界で最も扱いが難しい**」と鈴木氏が語るように、日本の消費者は合理的な判断より、ヒューリスティクスで判断する度合いが高い。

では、どうすればいいのか。顧客の満足を最大化し、不満足を最小化するためには、売り手はヒューリスティクスとそのバイアスから脱した仕事の仕方をしながら、買い手に対してはヒューリスティクスとそのバイアスに合わせた売り方が必要になってくる。

まさに商売は感情で動く、のである。この事実を日本でいち早く見抜き、人間の心理や感情に沿ったビジネスのやり方や仕事の仕方を唱えてきたのが、ほかでもない鈴木敏文氏だ。この章では、氏が日々実践している「感情経済学」の奥義を探りたい。

鈴木敏文の感情経済学入門①

# なぜ、消費者心理はマスコミ報道の影響を受けるのか

## ◆消費者の心理はマスコミ報道にも影響される

リーマンショック後の消費の低迷は経済の急減速だけでなく、「**マスコミ報道による心理的な影響も大きかった**」と鈴木氏はいう。

◎提言34

# マスコミが不況感を煽り、消費の冷え込みを助長させた

「不況が深刻化するなか、私はあるニュース番組にゲスト出演した際、消費の冷え込みの原因を聞かれ、〝マスコミ報道が消費の萎縮を助長させている〟と答えました。

日本のマスコミはどこも横並びで不景気ネタを探し出し、浴びせかけるように報道します。経済が危機的状況にあったのは確かですが、マスコミが不況感を煽り、消費の冷え込みを助長させているのは否めない事実でした。

特に消費者は不景気になると、景気に関する情報をマスメディアから得ようとします。景気の動きを知ろうと思うと身近な情報より、マスコミ報道に頼ることになるのでしょう。そのため、厳しい状況を並べたてる報道によって人心が萎え、消費者心理がいっそう冷えてしまうのです。

それだけ景気は消費者の心理によって影響される。ただ、これを裏返せば、ピンチをチャンスにも変えられます。不景気のときは特に消費が心理によって左右されやすくなっているため、逆に人心を温める仕かけを講じれば、必ず反応があるからです。

消費者の財布のヒモが固くなればなるほど、経済は心理学で考えなければならないのです」

――――

なぜ、消費者はマスコミ報道に影響されやすいのか。これも人間がはまりがちなヒューリスティクスの一つのようだ。人は何かを判断するとき、頭に思い浮かびやすい情報をもとにして判断を行ってしまう傾向がある。

実際にそれが生じている確率が高いか低いかに関係なく、自分の想起しやすいことがらについて、生じている確率が高いと思い込み、意思決定してしまう。行動経済学では「利用可能性ヒューリスティクス」と呼ばれる。

マスコミの報道はその典型とされる。繰り返し報道されると、それが「利用可能な情報」になり、多くの人々がその情報をもとに世の中の出来事の発生確率を過大に評価し、すぐにも自分に降りかかってくるように感じてしまう。

特に日本のマスコミは、「どこも横並びで不景気ネタを探し出し、浴びせかけるように報道」するため、その傾向が顕著に表れる。結果、マスコミが不況感を煽り、消費の冷え込みを助長させてしまうのだ。

未曾有の経済危機が波及するなかで、消費がこれまで以上に心理によって左右されている状況を見抜くと、消費者の心理に働きかける仕かけを行う。顧客の感情や心理を巧みに読み取る鈴木流心理学経営の真髄を以下、具体的に見ていこう。

鈴木敏文の感情経済学入門②

## なぜ、買う側が「ありがとうございました」と礼をいうのか

### ◆大ヒットした「キャッシュバック」と「現金下取りセール」

この不況下で、買いものをした顧客のほうが「ありがとうございます」と売り手の店側に礼をいうという不思議な現象がイトーヨーカドーで起きた。〇八年九月のリーマンショックに端を発して、日本でも景気が急落するなかでのことだ。

売り手のほうが買ってくれた顧客にこれまで以上に礼を述べなければならないのに、なぜ、買い手の顧客のほうが礼をいうのか。その理由は鈴木氏が発案し、ヨーカ堂が業界にさきがけて打ち出して大ヒットした二つの不況突破企画にある。「キャッシュバック」キャンペーンと「現金下取りセール」だ。

キャッシュバックのほうは、衣料品を中心に、買い上げ金額から最大一〇～三〇％を現金で返すというものだ。〇八年一一月末の第一弾が大好評だったことから、第二弾、第三弾……と立て続けに行い、〇九年の年末セールでも総額一〇億円と過去最大規模のキャン

ペーンを敢行し、マスコミでも話題となった。一〇年に入っても企画は続いている。

もう一つの現金下取りセールは、期間中の衣料品の買い上げ金額の合計五〇〇〇円ごとに、顧客の不要になった衣類を一点一〇〇〇円で現金下取りする。これも大好評で回を重ねるごとに、対象品目をスーツ、コート、ハンドバッグ、革靴などから他の衣類、寝具・インテリア用品、鍋・フライパンや食器、家電製品へと広げ、買い上げ合計金額も三〇〇〇円ごとに一点五〇〇円で下取りと、より利用しやすいように設定していった。

この二つの企画はなぜ、大ヒットしたのか。発案者の鈴木氏に解説してもらおう。

◎提言35

## 「キャッシュバック」や「現金下取り」は「値引き」と同じようで違う

「キャッシュバックは理屈で考えれば、割引と同じです。一万円の商品を購入し、二〇％返金なら、二〇〇〇円が返りますから、理屈上は価格の二割引です。むしろキャッシュバックのほうが顧客は最初にレジで代金を払ったあと、特設レジまで歩いて行き、並んでいれば並び、対象商品ごとに返金してもらうので、手間がかかり、面倒です。

ところがです。二〇〇〇円が現金で戻ると、顧客は〝ありがとうございます〟と売り手側のわれわれに礼をいってくれるのです。一万円の商品を二割引の八〇〇〇円で買っても、レジで〝ありがとうございます〟とはけっしていわないでしょう。

現金下取りセールも理屈で考えれば、割引と同じです。お買い上げ金額の合計五〇〇〇円ごとに一点一〇〇〇円で現金下取りですから、割引率に換算すれば、二割引と同じです。むしろ下取り品を持っていく手間もかかります。

なのに、価格の二割引セール以上に好評で、期間中は売り上げが二～三割もアップしました。以降、小売業界では追随して下取りセールを始めるところが相次いだのです」

◎提言36

# 「現金下取り」は価値のなかったものに新たに価値が生まれる

「買いものをしたのに逆に〝ありがとうございます〟と礼をいい、下取り用の衣類を持参する手間がかかっても買いものに来る。値引きしただけでは、そう簡単には売り上げが伸びないのに、なぜ、キャッシュバックや現金下取りセールでは顧客の財布の

## 図7 「キャッシュバック」や「現金下取り」は「値引き」と同じようで違う

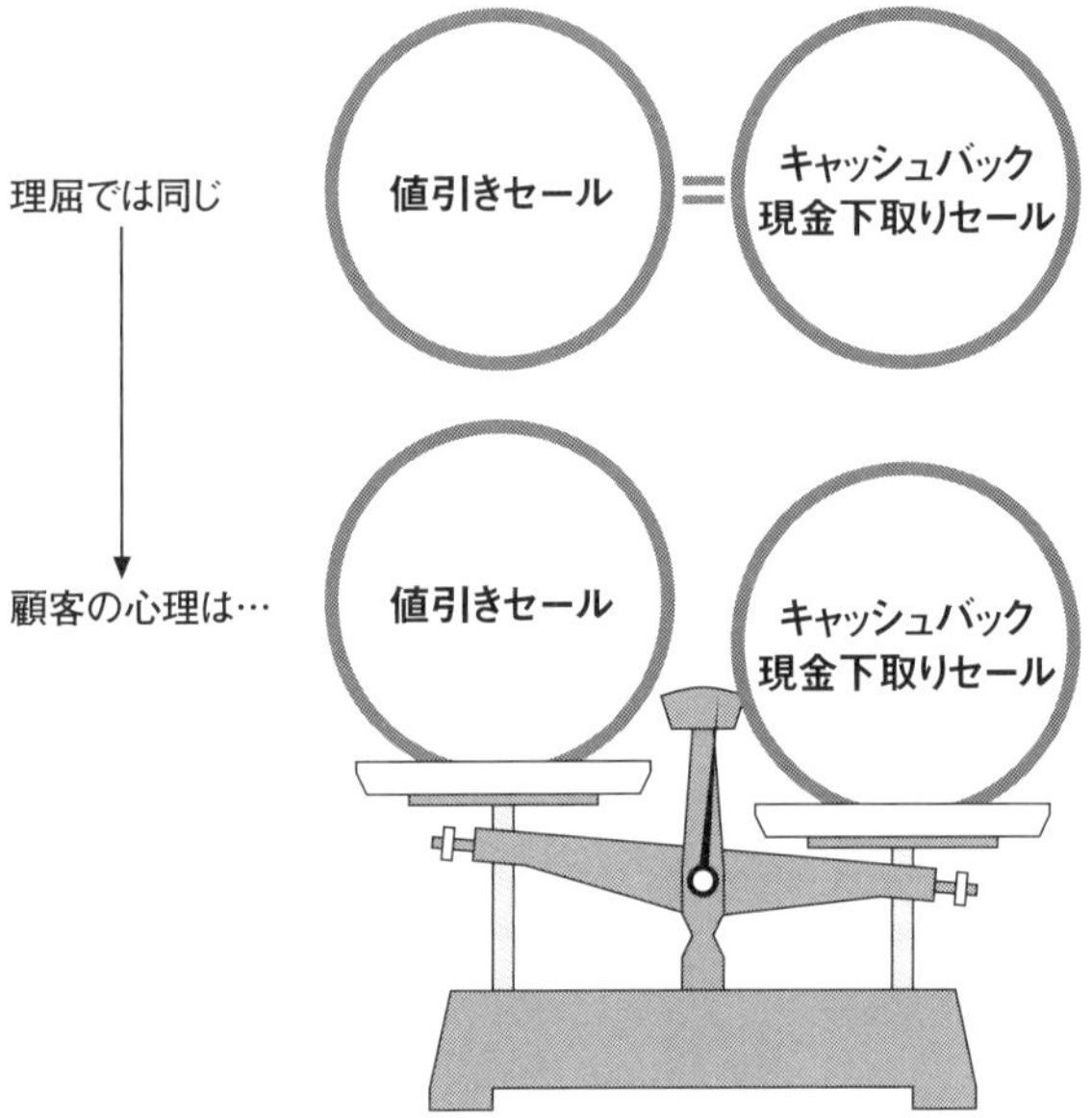


「キャッシュバック」も「現金下取りセール」も理屈では「値引き」と同じだが、
心理的にはより大きな価値を感じる。

ヒモが緩んだのでしょうか。

それは、どちらも消費者の心理を温める企画だったからです。一万円の商品を八〇〇〇円で買うのと、一度払った一万円から二〇〇〇円が現金で戻ってくるのとでは感じ方が違います。それが人間の心理です。

現金下取りセールのヒットにはもっと人間の心理がよく表れています。いまはモノ余りで、どの家庭もタンスの中に服があふれています。着なくなった服は客観的に考えれば、価値はありません。でも、捨てると損するような気がして自分ではなかなか捨てられない。それは本能的なものでしょう。

それが下取りであれば、着なくなった服に新たな価値が生まれます。ならば、お金に換えて買いものをしようと思う。それが人間の心理です」（図7）

## ◆持っているものを手放せない「保有効果」の心理を逆転させる

人間は利得と損失とでは感じ方が異なり、損失を回避しようとする。

損失回避性は買い手側にも働く。新たに何かを得ることの効用より、いま持っているものを失うことの痛みのほうを大きく感じてしまう。そのため、いま、タンスの中に持っている服も、客観的に見れば価値はないのに自分ではどこか価値を感じてしまい、なかなか手放せない。損失回避性がもたらす「保有効果」と呼ばれる現象だ。

持っている株の価格が下がっても、なかなか手放せないのも同じ現象だ。

ところが、現金下取りセールになると、状況が大きく変わる。買い上げ金額の合計五〇〇〇円につき、タンスの中の服が一点につき一〇〇〇円の現金になる。この金額なら、手放すことによる痛みを大きく上回る喜びが得られるから、この際、タンスの中から引っ張り出して買いものへ行こうと考える。

現金下取りセールは、人間の心理を読み、保有効果を逆手にとった企画であり、買い上げ金額合計五〇〇〇円ごとに一点一〇〇〇円で下取りという設定も、心理を刺激するのに絶妙な仕かけだったわけだ。

**◆「現金下取りセール」は初め、社内で疑問視された**

「いまは顧客の感情や心理を刺激しないと売れない時代」と鈴木氏は繰り返しいう。ところが、なぜか売り手は買い手の心理をなかなかつかめない。現金下取りセールも初めから社内で賛同を得たわけではなかった。

## ◎提言37

# 「買ってもらえない時代」には理屈より心理が大事

「リーマンショックのあと、初め、私が下取りを組み入れる企画を提案したとき、営業担当の幹部からは効果を疑問視する声が返ってきました。それは理屈で考えるからです。

確かに割引率に換算すれば、割引と同じです。商品の割引をしても簡単には売れない状況なのに割引もせず、下取りをするだけでは顧客は反応しないだろうと考えたのでしょう。それは、値下げをすれば売れたという過去の経験の延長上で考えたからです。いまは値下げをしてもなかなか売れない。ましてや、値下げもせず、下取りセールだけでうまくいくはずがないと理屈で考えた。

しかし、人間は理屈ではなく、心理や感情で動いています。タンスの中が服でいっぱいなら、タンスの中を空ける仕かけを考えればいいのです。もう着ない服が新たな価値を持ち、タンスの中が空くのなら、顧客はお店にやってくるはずだ。私はその心理を読みました。

日本はモノ余りが進み、先進国の中でも消費が最も飽和した国です。消費が飽和すればするほど、心理が消費行動を大きく左右します。しかも、景気後退と重なったいまこそ、売り手の理屈を捨て、顧客の心理を温める仕かけが求められるのです」

---

鈴木敏文の感情経済学入門③

## なぜ、「ガソリン割引券」がヒットしたのか

### ◆人は同じものでも提示のされ方によって選択の仕方が変わる

○八年にヨーカ堂で大ヒットしたキャンペーンがもう一つある。

リーマンショックの二カ月前、ガソリンの店頭価格が一リットルあたり一八〇円（レギ

ュラー）を超え、わずか三カ月で五〇円も高騰していたさなかでのことだ。買い上げ金額の合計五〇〇〇円ごとに、ガソリン一リットルにつき一〇円の割引券（上限五〇リットル）をプレゼントするキャンペーンを実施した。

結果は大好評で期間中の既存店全店の売上高が前年同期比で二割増え、すぐに第二弾が組まれ、リーマンショック後のキャッシュバック、現金下取りセールへ続くのだ。

このガソリン割引券も顧客の心理を絶妙についた鈴木流の仕かけだった。

◎提言38

## 消費者は同じ「五〇〇〇円引き」でもガソリン割引券のほうをとる

「ガソリン割引券をプレゼントするのも理屈上は値引きと同じです。仮に五〇〇〇円の買いものをし、もらった割引券を使ってガソリンを五〇リットル買えば、五〇〇円得する。買い上げ金額の一割引と同じ勘定で、一般的な経済学ではどちらも同じと考えます。

しかし、心理学で考えると顧客の感じ方はまったく違ってきます。ガソリン価格が高騰を続け、マスコミが連日、昨日は何円上がった、今日もいくら上がったと報道合戦を繰り広げるなかで、消費者には生活を圧迫されるという心理が高まっていました。そのとき、同じ小売企業としてガソリン代の負担を少しでも軽減しようとする仕かけが顧客の心理を刺激し、支持されたのです」

◎提言39

## 「二〇％引き」より「消費税五％還元セール」のほうがヒットする

「もっとわかりやすい例が、以前、消費税率が五％に引き上げられたときに行った〝消費税分還元セール〟です。初め営業幹部に提案すると、普段の売り出しで一〇～二〇％引きでも必ずしも売れるわけではないのに、ましてや価格の五％還元では魅力を感じてもらえない、と大半が反対意見でした。確かに数字上で考えればそうです。

しかし、当時消費が冷え込んでいた北海道で試してみると大反響を呼び、翌週には全店で展開して、売り上げ六〇％増の爆発的なヒットになりました。〝不況突破、消費税分還元〟というアピールの仕方が顧客の感情に響いたのです」

## 図8 「脂肪分20%」より「赤身80%」を選ぶ

同じひき肉でも…
顧客はどちらを選ぶか

？

「赤身80%」も「脂肪分20%」も中身は同じだが、
顧客は「赤身80%」のほうを選ぶ

↓

**フレーミング効果**

人はものごとの提示のされ方や表現のされ方によって
選択が大きく変わる

### ◆「フレーミング効果」の心理

「二〇％引き」より「消費税五％還元セール」のほうが顧客の心理に訴求する。「一割引」より「ガソリン割引券」のほうが訴える力が強い。これは何を意味するのだろうか。

　人はものごとの提示のされ方や表現のされ方によって、選択が大きく変わる。例えば、ひき肉の内容表示でも「赤身八〇％」と「脂肪分二〇％」では同じ意味でも顧客は前者を選ぶ。この現象を行動経済学では「フレーミング効果」と呼ぶ（図8）。

　絵画なども額縁（フレーム）が変わると、まったく違って見えるように、ものごとを判断するとき、提示方法や表現方法が変わると、考え方の枠組み（フレーム）が変わり、異なる結果が導かれるという意味合いだろう。

セブン-イレブンでは、「おにぎり一〇〇円均一」のセールをよく行う。商品の値引きの表示法も、高額の商品の場合は「〇〇％引き」のような比率表示のほうが効果が大きいが、おにぎりのような少額商品の場合、比率表示より、金額表示のほうが効く。これもフレーミング効果の一種だ。

鈴木氏が発案した新業態のディスカウントストアで、価格帯をヨーカ堂より全体平均で一～三割安く設定するザ・プライスの大ヒットの要因はいくつもあるが、その中でもフレーミング効果の部分が大きいという。

◎提言40

# 「三割引」より「ディスカウントストア」という形態が顧客心理に響く

「ディスカウントストアのザ・プライスもそうです。既存のスーパーで、生鮮食品など特定の商品について一～三割引で売る割引セールと、その店に行けば、ほとんどすべての商品がヨーカ堂価格より一～三割程度安く買えるディスカウントストアとでは、同じ低価格化でも訴え方の枠組みがまったく違ってきます。

〇八年に入ってから、所得が伸び悩むなかで消費財の値上げラッシュが続き、マスコミも何か商品が値上げされるたびに報道し、消費者は価格に対して非常に敏感になっていました。そのとき、節約志向に応える生活応援型のディスカウントストアというあり方がわかりやすく、買い手の感情にフィットした。大切なのは、そのときどきの顧客の関心のありどころを読み、感情に訴える仕かけを常に考え続けることです」

### ◆「衝動買いの時代」には売り方の演出力が不可欠

「容易に買ってもらえない時代には、買ってもらうための演出力や商品の表現力が大切」と鈴木氏は繰り返しいう。ザ・プライスでは単品の陳列量を増やし、フェースを目一杯とることで商品の単品としての表現力を高め、顧客の衝動買いの心理を刺激する。

同じマグロの刺身でも、大きなマグロを一尾丸ごと売り場に置いて、その場で調理しながら販売するという演出を行うと、爆発的に売れる。また、セブン&アイ・ホールディングスのグループ企業、食品スーパーのヨークベニマルでは、同じ「刺身盛り合わせ」でも、顧客が食べたい刺身で複数盛りをその場でつくる「刺身バイキング」の演出で、刺身の売り上げを毎年伸ばしている。

いずれも、フレーミング効果を巧みに突いた販売法だ。売り場での演出力や表現力次第で、顧客の選択が左右される時代になってきた。具体的な実践例をさらに見ていこう。

## 鈴木敏文の感情経済学入門④
# なぜ、グラム五〇〇円の牛肉の隣にグラム七〇〇円を置くのか

### ◆価格の心理学の不思議

ものごとの提示の仕方によって、買い手の選択が変わるフレーミング効果を巧みに活用している売り手は、売り上げを伸ばすことができる。その一つの典型は、どんな価格帯の商品をどのように揃えるかというプライシングだろう。

◎提言41

## 人は「端っこの値段」より「まん中の値段」を好む

「例えば、牛肉を売るときも、一〇〇グラム七〇〇円ぐらいの肉が売れ筋だからと、その価格帯だけが並んでいると、顧客は値段を高く感じ、あまり購買意欲をそそられ

ません。ここに五〇〇円や一〇〇〇円の牛肉も並べるとどうなるか。五〇〇円の牛肉は値段は安いけれど、七〇〇円のほうが質はよさそうだし、七〇〇円なら一〇〇〇円より手ごろな値段だ、と感じて買おうと思うようになります。同じ一〇〇グラム七〇〇円の牛肉なのに、価値の感じ方が変わるのです。

羽毛布団も一万八〇〇〇円と三万八〇〇〇円の二種類を並べて販売すると、一万八〇〇〇円のほうが売れます。二種類だけだと、三万八〇〇〇円の布団の質のよさを実感できず、一万八〇〇〇円でも値段の割に質は悪くなさそうだと価格の安さに価値を見いだすからです。

ところが、ここに一ランク上の五万八〇〇〇円の商品も一緒に置くと逆転現象が起き、三万八〇〇〇円の布団がいちばん多く売れるようになり、売り上げも大きく伸びます。三種類が並ぶことで価値の比較ができるようになるからです。

五万八〇〇〇円の布団は確かに高品質だが、そこまでは必要ない。三万八〇〇〇円の布団は五万八〇〇〇円のより、質は少し落ちるが、一万八〇〇〇円の布団よりよくできている。ならば、いちばん安いものより値段は高くても納得できるものを買おうと考える。同じ羽毛布団も、品揃えと価格の設定次第で売れ方がまったく違ってくるから顧客心理は不思議です」（図9）

### 図9 羽毛布団の売れ方の不思議

18,000円と38,000円の羽毛布団を並べて売ると
18,000円のほうが売れる
18,000円
38,000円
ここに58,000円の羽毛布団を加えると
真ん中の38,000円の商品が一番売れるようになる
18,000円
38,000円
58,000円
同種の商品で高、中、低の3種類の価格帯のものが並ぶと
買い手の選択は両極端を避け、まん中の価格に収れんする。
（「極端の回避性」と呼ばれる）

## ◆「最も売りたい価格帯」に誘導するレストランのコース料理設定

複数の選択肢があるとき、あるものを他のものより好むことを経済学では「選好」と呼ぶ。標準的な経済学では、その人の選好はどんな状況になっても変わらないと考えるが、現実はそうではなく、選択肢が二つから三つに増えただけで、「選好の逆転」が起こる。

特に興味深いのは、同じ商品で高、中、低の三種類の価格帯のものが並ぶと、買い手の選択はたいていの場合、両極端を避け、まん中の価格に収れんすることだ。行動経済学で「極端の回避性」と呼ばれるヒューリスティクスだ。

レストランなどでは、このヒューリスティクスを利用し、三つのコース料理を用意して、「Aコース…八〇〇〇円」「Bコース…一万円」「Cコース…一万五〇〇〇円」のように、いちばん上のコースだけあえて値段を高めに設定することで、まん中を「最も売りたい価格帯」としてメニューを組んでいるところもあるようだ。

まん中のコースはいちばん上と比べてかなり安いが、いちばん下よりはわずか二〇〇〇円の差だが上だ。巧みな誘導だが、顧客から見れば、まん中は選びやすい選択肢となる。

買い手にとって重要なのは「**選択の納得性**」だと鈴木氏はいう。

◎提言42

## 顧客は自分の選択について「納得できる理由」を求めている

「顧客は何を買うのかといえば、価値を買いたいのです。価格の安さも一つの価値ですが、安さだけで買うわけではありません。顧客はその商品について買うべき価値があると〝納得できる理由〟を求め、自分の選択を正当化しようとするのです。

羽毛布団の価格が三万八〇〇〇円と一万八〇〇〇円の二種類なら、安いほうを選ぶ人も、五万八〇〇〇円の商品が選択肢に加わると、三万八〇〇〇円のほうを選ぶようになる。明らかに矛盾していますが、買い手にとってどちらも〝納得できる理由〟があれば、矛盾しなくなります。

同じ商品を何種類か並べて売るとき重要なのは、顧客にとって価値を比較し、選択を正当化できるような価格の設定がされていることです」

鈴木敏文の感情経済学入門⑤

# なぜ、商品の種類を絞ったほうがよく売れるのか

### ◆選択肢が多いと顧客は判断を先延ばしにする

牛肉も一〇〇グラム七〇〇円の商品だけを並べておくと売れないが、ここに五〇〇円と一〇〇〇円の商品も並べると売れるようになる。羽毛布団も価格が二種類だけより、三種類に増やすと、価値の比較ができるようになって、売り上げが伸びる。

では、商品の種類は多いほうがよく売れるかというと、必ずしもそうではない。生活応援型ディスカウントストア、ザ・プライスの大ヒットの要因として、扱う商品数を半分程度に絞り込んだことも大きい。

人は選択肢があまり多くなると、どれを選べばよいのか、内的な葛藤が起こり、選択が敬遠されて、判断がされなくなる傾向があることは行動経済学の実験でも確かめられている。

有名なのはアメリカの心理学者たちが行ったジャムを使った実験だ。まず、二四種類と広範囲に集めて陳列したディスプレーと六種類に絞り込んで陳列したディスプレーを店頭に設置した。そして、試食を勧める表示とジャムを買うときに使える割引券を用意して、それぞれ足をとめた人数とジャムを購入した人数を調べた。

ディスプレーの前を通る通行人はどちらも二四〇～二六〇人とほぼ同数だったが、足をとめた人数の割合は、二四種類陳列のほうが六〇％と六種類陳列の四〇％を上回った。ところが、実際の購買行動では逆の結果が得られた。二四種類陳列のほうはジャムを買ったのはわずか三％だったのに対し、六種類陳列のほうは三〇％近い客がジャムを買っていったのだ。

売り手は商品の種類を多くしたほうが「顧客のために」なると思いがちだが、それは逆効果だという。

◎提言43

# 商品を絞り込んだほうが顧客は選択に困らない

「例えば、衣料品でも、かつて売り手市場の時代は小さな売り場でも肌着から重衣料まで少しずつの量でも全部揃えておけば、顧客はその中から必要なものを見つけて買ってくれました。しかし、いまは売り場として認めてもらえないでしょう。どんなにいい商品も、たくさんある商品の中に埋もれてしまいます。

消費が飽和したいまの時代に重要なのは、商品の絞り込みです。商品を絞り込み、一アイテムについて十分にフェースをとったほうが表現力が高まり、顧客のほうも一つ一つの商品がしっかり視覚に入り、買いものがしやすくなるのです。実際、ヨーカ堂でもブランドや品番を大幅に絞り込んだところ、売れ行きが上がりました。

セブン‐イレブンでもお弁当などは、商品を絞り込み、フェースを目一杯とってボリューム陳列することで販売量も増え、廃棄ロスも減る結果が出ているのは前述したとおりです。雑誌コーナーでは、あれだけ限られたスペースでも並べる雑誌を絞って、一つの雑誌に二〜三フェースをとると、雑誌全体の売り上げが伸びるのです。種類をたくさん置けば、顧客に喜んでもらえると考えるのは、絞り込みができない売り手の

―勝手な思い込みです」

◆選択肢を絞ると「選ぶ理由」がはっきりする

陳列する種類が多いと一瞬興味を引くが、選択肢が多いと逆に購買意欲がそがれてしまう。選択するときの迷いや葛藤が選択しない結果をもたらしてしまう。一方、商品数が絞り込まれ、広いフェースをとって陳列されると、思わず手が伸びる。

重要なのは絞り込み方だ。ここで仮説が重要な意味を持ってくる。セブン‐イレブンでは、商品を発注する際、仮説を立てて選択肢を絞り込むことにより、フレーミング効果を最大限に活用している。

例えば、東京のある住宅地にある店舗では、アルバイトのスタッフがゴールデンウィーク向けにある仮説を立てた。連休中は必ずしも家族全員で出かけるとは限らない。一人で留守番をするお父さんも少なくないだろう。晩ご飯はどうするか。そう考えて、重点商品をレトルトカレーに絞り込み、特集する売り場をつくったところ、大きな成果を上げることができた。

仮説も立てず、単に弁当類の発注を増やすだけだったら、特別多くは売れなかっただろう。レトルトカレー特集の売り場ができたことで、晩ご飯を買いに来たお父さんたちも選択肢が絞られた。

同じくゴールデンウィーク中にこんな仮説を立てた例もある。やはり住宅街にある地区での取り組みだ。連休は外出する人が多いため、どうしても客足が落ちる。弁当類などデイリー商品の発注はいつもより少なめになり、陳列棚がさみしくなりがちだ。ただ、連休中でも比較的年齢の高い層は在宅していて、来店が予想された。

そこで、ゴールデンウィーク対策として、デザート系に力を入れることにし、ある商品に絞り込んだ。それは透明なゼリーの中に各種の果実が入ったデザートで、一個一五〇円と値段も手ごろだったが、普段は特に入れているわけではなかった。

このゼリーのデザートなら色鮮やかで、たくさん並べれば売り場が華やいで見えるのではないか。また高い年齢層の顧客は健康志向が高いので、果実入りのゼリーはニーズに合うのではないか。

そう仮説を立て、地区全体で積極的に発注をかけたところ、高齢層の顧客が次々買っていき、普段は一日二〇〇〇円程度だったその商品の売り上げが、一万円にも達した店が続出した。

◎提言44

# 大切なのは顧客に対して「選ぶ理由」を提供できていること

「商品を発注するとき、仮説も立てずに適当に商品を発注している限り、店頭に並ぶのは単なるモノとしての商品にすぎません。一方、仮説を立てて絞り込めば、そこに意味や物語が込められます。

仮説を立てるとは、単にモノを売るのではなく、商品をとおしてどんなコトをメッセージとして伝えるか、顧客が共感できる意味や物語を考えることです。顧客がそれを感じ取れれば、選ぶことについて〝納得できる理由〟を直感し、手を伸ばしてくれます。

いまは衝動買いの時代です。景気が低迷し、価値の中の価格の占める部分が増えて、〝価値と価格の両にらみ〟が強くなっても、その傾向は変わりません。その商品に買うべき意味や価値があるかどうか、〝納得したい〟という欲求は以前にも増して高まっています。衝動買いの時代だから動機づけがますます重要になっています。

われわれが商品を提供するときに忘れてならないのは、顧客に対して〝選ぶ理由〟を提示できているかどうかです。」

## ◆顧客の満足は維持するほうが難しい

顧客は商品を買うとき、「選ぶ理由」や「納得できる理由」が直感できることを求める。それは所得が減少するなか、「買いものに失敗したくない」という後悔回避の心理も働いているのだろう。

そこには、マスコミ報道も影響を及ぼす。業績好調な店や商品の情報が繰り返し報道されると、何か買いものをするとき、その評判がすぐに頭に思い浮かび、世の中のみんなが利用していると感じ、自分も利用しようと思う。「ユニクロ」や「餃子の王将」などはその典型だろう。そして、一度利用して満足すると、他の店や商品よりも重みを持ってしまう。

ただ、顧客の満足を維持することは容易ではない。いまは業績好調のユニクロも数年前、九八年のフリースの爆発的ヒットのあと、不調に陥り、減収減益が続いた時期があった。その後復調し、新しい商品の開発の手を休めなかったのはそのときの反省からだ。

そこで次の章では、どうすれば顧客の満足を常に高めていくことができるか、顧客の心理をさらに掘り下げてみよう。

第5章

# どうすれば顧客の満足度を高められるか

## ◆売り手の「損失回避」と買い手の「損失回避」は両立しない

人は利得から得る喜びより、損失から受ける苦痛を大きく感じるため、損失を回避しようとする。これは売り手にも、買い手にも同じように表れる。

しかし、売り手が損失を回避しようとすればするほど、買い手の感じる損失とそれによる不満足が大きくなり、両者はなかなか両立しない。だから、売れない店はますます売れなくなる。では、顧客はどんな店や商品・サービスに満足を感じるのか。

# 顧客の「満足度の基準」は常に上がっていく

## ◆猛暑なのに冷やし中華の売り上げが下がった店

「顧客は売り手に対し常に一〇〇点満点を求めるが、その一〇〇点満点のレベルは常に上がり続ける」

と、鈴木氏は常々話す。最初に念頭に置かなければならないのは、買い手が感じる満足と不満足の基準は一定ではなく、その都度、変化するということだ。この基準を行動経済学では「参照点」と呼ぶ。

売り手と買い手の関係で問題なのは、買い手の参照点はどんどん高まるのに、売り手のほうは顧客に一度満足してもらえると、そのレベルが参照点として固定され、買い手の変化になかなか対応できないことだ。ここにギャップが生じてしまう。鈴木氏はこんな例をあげる。

◎提言45

# 売り手が同じレベルを維持しても顧客は離れていく

「夏場、七月の冷夏が一転、八月は猛暑になった年のことです。八月に入るとセブン－イレブンでは冷やし中華が飛ぶように売れました。ところが、多めの発注を続けた結果、逆に売り上げを落とした店がありました。一方、途中から、同じ冷やしめんでも味付けや具材が異なる冷やしラーメンなどに品揃えを切り替えていった店は売り上げを落とさずにすみました。

顧客にとって、いくら暑くても、冷やし中華が続けば飽きます。コンビニエンスストアは暑い日のほうが売り上げは伸びますが、暑さが続けば続いたなりに、顧客が求めるものの変化に対応しなくてはなりません。売り上げを落とした店は、暑い日は冷やし中華が人気商品と思い込んだまま、その変化に応えようとしなかったのです。

とかく売り手は顧客に一度満足してもらえると、そのレベルを維持しようと考えます。一方、顧客は常に一〇〇点満点の満足を求めますが、一度満足すると、今度はそれを基準にするようになります。そのため、顧客が求める一〇〇点満点のレベルはその都度上がっていきます。売り手が前と同じレベルのものを提供しても、それは〝ただの合格点〟にすぎなくなり、やがて飽きられてしまいます。

結婚にしても、最初のころはちょっとしたことで満足したのが、慣れるとそれが当たり前になって、同じことをやっていてもさほど満足しなくなります。すると、ちょっとした行き違いで不満が募るようになる。最悪なのは互いに期待感が下がってあきらめになることでしょう。これが店と顧客の関係だったら、客足は遠ざかり、二度と戻ってきません。

顧客は常に期待度を上回るものを提供されて初めて満足するため、店側は常に新しいものを提供し続けなければならない。そうして初めて顧客のロイヤリティを維持できます。売り手のあらゆる努力は顧客のロイヤリティを高めるためにある。高い収益はその結果にすぎません」

もし、提供する商品・サービスのレベルは落ちていないつもりなのに、顧客が離れていくようであれば、同じレベルを続けていること自体に原因があると自覚すべきだろう。

## ◆一発ねらいより、小刻みに改善するほうが顧客には効く

顧客と向き合うときに、もう一つ、頭に入れておくべきことは、〝一発ねらいのホームラン〟より、〝小刻みにヒットを打ち続ける〟ほうが効くということだ。

## 図10 「一発ねらいのホームラン」(キヨハラ型)より「小刻みに打ち続けるヒット」(イチロー型)のほうが効く

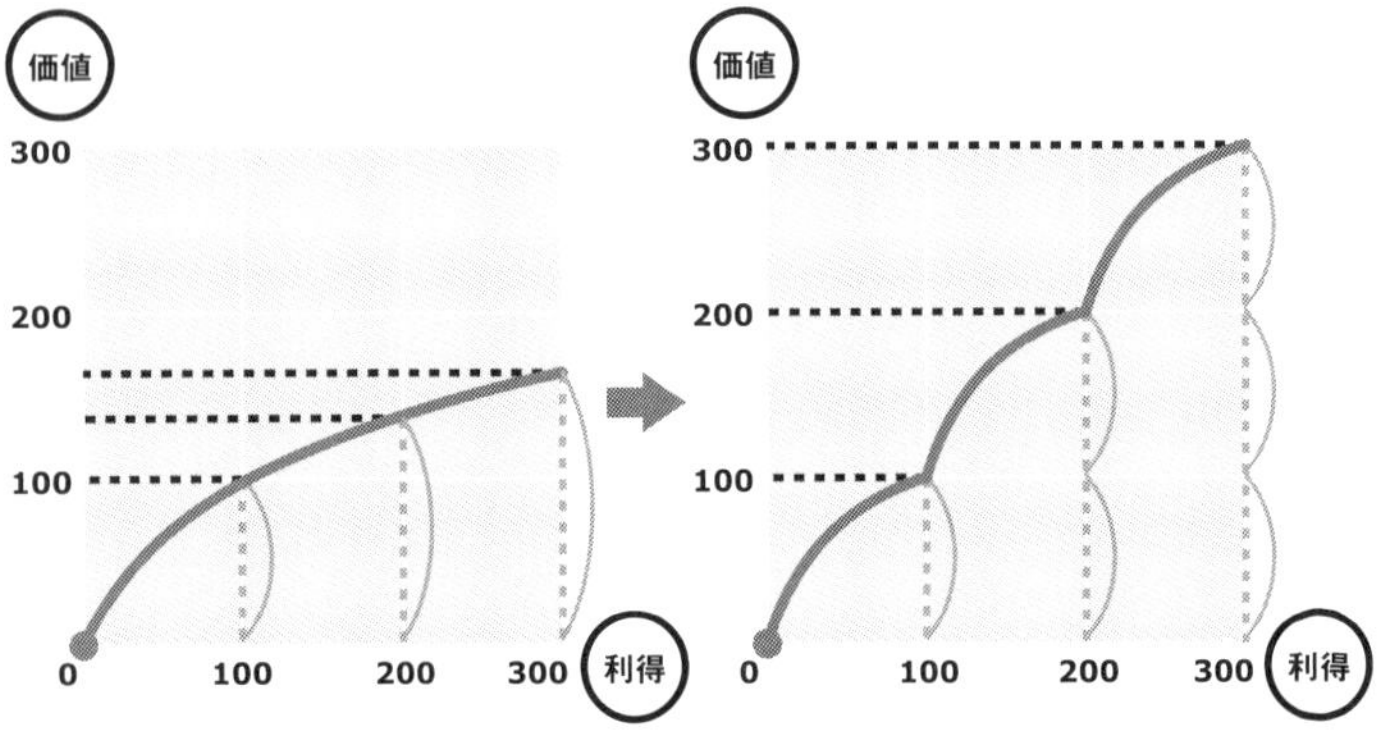


顧客は100の利得で100の満足度を得たとき、200の利得で200の満足度を得るかというとそうではなく、満足度はかなり下回る(プロスペクト理論の価値関数〜利得の部分)。

||

キヨハラ型で「一発ねらいのホームラン」を打っても顧客の満足度はさほど増えない。

そこで売り手としては、顧客に一発ねらいで200や300の利得を提供するよりも、小刻みに改善を重ね、常に100の利得を提供し続けたほうが顧客に満足してもらえる。

||

イチロー型で「小刻みに打ち続けるヒット」のほうが顧客は常に満足する。

損得がそれぞれもたらす満足と不満足の度合いの関係を示すプロスペクト理論の価値関数のグラフを再度見てみよう。

横軸方向の利得の値が大きくなるにつれ、縦軸方向の満足の度合いを表す値も大きくなる。しかし、正比例の関係ではなく、利得の伸びに比べて、満足の度合いの伸びは次第に減っていく。そのため、曲線の先端がどんどん寝ていく。

仮に顧客が一〇〇の利得を得たことで一〇〇の満足度を感じたとき、二倍の二〇〇の利得なら二〇〇の満足度を得るかといえば、そうはならずに、二〇〇をかなり下回る。

　そこで、売り手としては、顧客に一発ねらいで二〇〇や三〇〇の利得を提供するよりも、一〇〇の利得を提供し、一〇〇の満足度が得られたら、次はそこを起点にして、また一〇〇の利得を提供し、これを繰り返していったほうが、顧客は常に満足できる（図10）。ホームランも必要だが、それ以上に大切なのは、**「改善の手を休めないことだ」**と鈴木氏はいう。

◎提言46

# 顧客に対し常に何かを「プラスオン（付加）」し続けることができるか

「顧客のロイヤリティを得るのは容易ではありませんが、それを維持するのはもっと難しい。われわれが心がけなければならないのは、常に何かをプラスオン（付加）し続けることです。食べものであれば、よりおいしく、鮮度をよりよく、ATMサービスであれば、使い勝手をより高めていかなければなりません。

　顧客にとって今日の満足は明日は当たり前になる。明日の満足のためには、常にプラスオンされたものが求められる。改善の積み上げこそが大事なのです。

顧客に提供する利便性をいかに広げ、プラスオンし続けるか。セブン－イレブンの足跡はその繰り返しでした。顧客がセブン－イレブンに求めたものは、当初は近くにあっていつでも開いている利便性でした。それが公共料金などが気楽に払い込める利便性へと広がり、さらにはATMの設置により、お金をいつでも預け払いできる金融機関への利便性へと広がりました。

数年前から各店舗で取り組んでいるご用聞きのサービスは、少子高齢化が進む日本で特に高齢層の顧客が来店せずにサービスを享受できるものです。

最近では、店内のフライヤーで揚げるコロッケやから揚げなどの売り上げが好調で、四十～五十歳代の主婦層が夕方にまとめ買いする傾向が見られます。これは家族の夕食用のおかずをつくる時間を節約できる利便性へと広がったことを意味します。

セブン－イレブンの店舗で商品の受け渡しを行うネット販売では、ワインなどのお酒は三〇〇〇銘柄の中から選び、通常、注文後四日でお取り寄せができます。これほどの在庫を持つ専門店があるでしょうか。これはいわば、ネット販売を〝仮想のワインセラー〟として使っていただく利便性です。

〇九年秋からは首都圏の店舗に設置のマルチコピー機で『ぽけかる倶楽部』という日帰りツアーや体験イベントなどの旅行商品の販売も始めました。これはいわば〝旅行のATM〟です。

さらに、一〇年二月からはマルチコピー機に住民基本台帳カードをかざすと住民票の写しや印鑑登録証明書を受け取れるサービスを開始しました。これは〝各種証明書のＡＴＭ〟といえるでしょう。

潜在的な需要は常に店の外にあります。顧客は次はどんな利便性を求めているか。提供する価値の範囲を広げ、プラスオンし続ける努力を怠ったところが顧客のロイヤリティを失うことになるでしょう」

---

鈴木敏文の感情経済学入門⑦

## 顧客は「してもらえなかった不満足」を大きく感じる

### ◆人は挨拶一つでもされなかったら傷つく

一方、顧客が感じる損失について見てみよう。人間は利得から得る満足や喜びより、損失から受ける不満足や苦痛のほうが大きく感じる。この傾向は人間の生活のあらゆる面に見られる。鈴木氏が話す。

◎提言47

# 人は「してもらった満足」より「されなかった不満足」を大きく感じる

「例えば、挨拶一つでもそうです。私もこんな経験がありました。新入社員で会社に入ったばかりのころ、自分より上の人にばったり会って挨拶したとき、相手もヤアとかいって会釈してくれると、すごくホッとしてうれしくなったものです。

ところが、たまたまその人が何か考えごとをしていて、無意識のうちに知らん顔をされると、相手はまったくそのつもりはなくても、無視されたように感じて傷ついたり、ずっと気になったりしました。挨拶も〝される喜び〟より、〝されなかった痛み〟のほうがずっと大きく感じる。これはコンビニの店舗でもまったく同じです。

挨拶だけではありません。店の品揃え、商品の品質、接客サービスの質……すべてについて同じことがいえます。ほしい商品がなかった場合、そのときは別の商品を買ってくれるかもしれません。しかし、商品があった喜びより、〝なかったがっかり感〟のほうがずっと大きく感じる。それが続くと顧客のロイヤリティはすぐに失われていきます。

また、ある弁当の味がいまひとつだったとします。おいしかった喜びより、〝おいしくなかった不満感〟のほうが大きく感じる。ほかの種類はどんなにおいしくても、セブン‐イレブンの味はこの程度かと思い、信用を失っていくでしょう。

顧客のロイヤリティを維持することが難しいもう一つの理由は、努力を積み重ねて顧客のロイヤリティを得ることができても、一度でも失望されれば、すべてが崩れてしまうからです」

## ◆売り手は常に「あるべき姿」を目指さなければならない

顧客が抱いた不満足をいかに挽回するか。満足より不満足のほうを二～二・五倍大きく感じるのであれば、その不満足を二～二・五倍くらい上回る満足を提供して初めて、取り戻せることになる。ただ、顧客が抱く不満足はなかなか推しはかれない。どう対応すればいいのか。

セブン‐イレブンの店舗で「小さな失敗」を新しい「大きな挑戦」で挽回した例がある。ある日、一人の顧客から接客についてクレームの手紙が届いたことがあった。その店は挨拶の励行など接客に力を入れていたので、オーナー以下、誰もが驚いた。

ただ、チルド食品が納品されたときなど、二～三人で一気に店頭に品出しするため、来店客に気づかず、背を向けたままのときがあった可能性もあった。それが投書の顧客なのか、不満足の程度はどれくらいなのかもわからなかったが、いずれにせよ、接客に不満を抱いた顧客がいたのは事実だった。

普通なら、ここで挨拶をいっそう徹底するよう努力するところだろう。この店の場合、それにとどまらず、この〝クレーム事件〟を店全体のサービスをレベルアップするためのきっかけにした。顧客に「店が変わった」ことを目に見える形で示すため、コンビニでは珍しい新製品の試食サービスをパートのスタッフたちが力を合わせて始めたのだ。

試食サービスは大成功し、それがきっかけになって店側と顧客との間でコミュニケーションが生まれるようになり、客はいっそう増えていった。

失敗を穴埋めするだけでなく、次の成功に向けたチャンスにする。その原動力になるのは、「あるべき姿」の追求だと鈴木氏はいう。

◎提言48

## 顧客の満足とコストとの調和点を限界ギリギリまで追求する

「一つのマイナスを挽回するには、その問題を解決するだけでなく、それを補ってあまりあるだけの大きなプラスのサービスを提供しなければなりません。セブン－イレブンの弁当類も以前、売り上げが伸び悩んだことがありました。それまでも質の向上に取り組んできましたが、どんどん高まる顧客の期待値に応えられず、不満を抱かれたのでしょう。

〝これ以上は無理だ〟〝そこそこ売れているからいいのではないか〟という限界意識も頭をもたげていました。これを徹底して払拭する。それも中途半端な取り組みではなく、大きなプロジェクトで顧客に大きな満足を提供する。私はその世界の第一人者と呼ばれる料理家の指導のもと、商品開発を根底から見直し、徹底して味と質を追求するプロジェクトを発足させました。

だしをとるカツオ節も原材料から見直しました。漁獲海域を指定して、カツオ節に適したカツオだけを厳選する。そして、本場鹿児島の枕崎で最低三カ月かけて、手間はかかっても味が抜群によい枯れ本節をつくりました。

さらに改善を重ね、冷凍して運んだカツオを解凍する際、ドリップ（浸出液）と一緒にうま味が抜けないよう、獲ったカツオを冷凍せずに漁場に近いところで荒節までつくり、枕崎に持ってきて枯れ本節に仕上げるというまったく新しい方法も開発しました。チームを組んだカツオ節製造業者から、〝コンビニエンスストアがここまでやるのか〟と驚かれました。

何か問題が生じたとき、マイナス分を補ってあまりあるだけの大きなプラスを提供しようとするとき、常に戻るべき原点は〝あるべき姿〟の追求です。

もちろん、限界はあります。顧客もセブン－イレブンの弁当に超一流の料亭と同じ味は期待していません。重要なのは、コンビニで買ってもこんなにおいしいのかと感動してもらえるように、常に顧客の期待を超えようとすることです。コンビニだからこの程度でいいと考えるのではなく、顧客の満足とコストとの調和点を限界ギリギリまで追求することです。

その調和点は常に変化します。何か数字を入れれば答えが出るような方程式では調和点は導き出せません。自分が顧客の立場だったら、何を期待するか。それが見えたら、限界ギリギリまで追求する。それが〝あるべき姿〟です」

鈴木敏文の感情経済学入門⑧

# 顧客が求めるのは単なる安さではなくフェアプライス

## ◆買い手の買い方の知恵が磨かれてきた

ところで、ヨーカ堂で実施したキャッシュバックのキャンペーンや現金下取りセールがヒットした背景には別の要因も見られるという。消費者の「価格への信頼度」が薄らいできたというのだ。

◎提言49

# 値引き合戦により、逆に価格への信頼度が薄らいできた

「なぜ、単なる値引きや割引よりも、キャッシュバックや現金下取りのほうが消費者の心理に響いたのか。それは、商品の価格そのものに対する信頼度が薄らいでいる面もあるように思います。

不況感が強まるほど、どこも安売りや値引きを同じように打ち出します。値引きがあらゆるところで行われているため、消費者も値引きに対する感覚がマヒし、売り手側のいう〝二割引〟は本当に二割引なのか、そもそも原価はいくらなのか、どこか信頼できずにいるのです。

だからこそ、いまの日本では単に価格の安さだけでなく、この価値が得られてこの価格なら適正だろうと顧客に納得してもらえる〝フェアプライス〟であることが重要になっているのです。

特に景気が後退して以降、〝価値と価格の両にらみ〟がいっそう強まる中で、この商品の価格はフェアプライスかどうかを見きわめる傾向が強くなっています。

例えば、前は大根を一本丸々買っても全部使い切れず、余った分はしなびて捨てることが多くありました。それが半分なら使い切れます。グラム単価では一本二〇〇円のほうが安くても、半分で一二〇円のほうがロスをなくして支出をおさえられるのでフェアプライスと考えるようになった。

人がお金を使うのは、それに見合う満足を得るためです。お金で満足を買う。そのとき、商品が媒介することもあれば、サービスが媒介する場合もある。その満足する価値のあり方がここにきて変わってきた。

景気がいいときは、誰かが買ったから自分も買おうという〝無意識の競争意識〟が消費を喚起する部分がありました。それがここにきて薄らいできて、〝無駄な競争〟に変わってきた。自分はどんなことに価値や満足を感じるのか。買い手の買い方の知恵が磨かれてきたのです。価格の高低だけでなく、フェアプライスかどうかを見る眼はますます磨かれていくでしょう」

---

## ◆買い方の知恵と売り方の知恵をマッチングさせる

買い手の買い方の知恵が磨かれてきたのであれば、売り手も売り方の知恵を絞ることが求められる。買い手の知恵と生産者や販売者の知恵がうまく合えば、買いたいものと買ってもらいたいものが合致し、価値と価格の両面で納得できる商品が生まれる。その典型が

## ◎提言50

# なぜ、プライベートブランドはヒットしたのか

プライベートブランド（PB＝自主企画）商品だと鈴木氏はいう。

「売り手側が買い手側の知恵に応えられないと、買い手は買いたいと思うものがなかなか見つけられなくなってしまいます。その不満に応え、ギャップを埋めたのが流通業が自主開発したPB商品です。

PB商品は流通業がメーカーと組み、企画から販売まで自社で行うため、広告宣伝費や販売経費をおさえられる、販売量に応じて生産し無駄が省ける……等々、コストが抑制され、質の高い商品をメーカーのナショナルブランド（NB）より二～三割程度安く提供できます。

消費環境がよいときは、消費者はNBのほうにより安心感や信頼感を感じる傾向がありますが、厳しい状況になると、買い方の知恵としてPBとNBをあらためて冷静に比較する姿勢が出てきます。

セブン＆アイ・ホールディングスが開発したPBのセブンプレミアムは他社のPB

と違って一切値引きをせず、売れ行きは非常に好調です。それは価格がフェアプライスであり、価格の信頼度を得ているからです。

不況期であっても、売れない商品は五割引でも売れない。端的な話、〝タダでもいらない商品〟は本当に顧客はタダでもいらないのです」


セブンプレミアムの特徴は、他社のPB商品がメーカー名を伏せているのに対し、NBを製造販売している一流メーカーと組み、メーカー名も明記していることだ。セブン‐イレブンではもともと商品の過半数をオリジナル商品が占め、メーカーの開発担当者とチームを組んで一緒に開発を行う「チームMD（マーチャンダイジング）」の開発体制には定評があった。セブンプレミアムの開発についても、そのノウハウが活用された。

セブンプレミアムは製造元の明記が安全・安心を重視する消費者の要望に応えた点が評価され、「日経優秀製品・サービス賞2008年」において最優秀賞を受賞した。売り方の知恵が評価された証といえるだろう。

# 消費者は「いうこと」と「行うこと」が一致しない

### ◆発売前の「買わない」が発売後には「買う」に逆転

同じものでも提示のされ方が変わると顧客の選好（あるものを他のものより好むこと）が逆転する。セブン－イレブンには数々のヒット商品があるが、もし発売前にアンケート調査などを行い、「こんな商品が出たら買うか」と質問していたら、「買わない」と答えたと思われる商品も少なくない。それが、商品となって店頭に並んだ途端、顧客は手を伸ばす。なぜ、そのような現象が起きるのか。

◎提言51

## 消費者はいまはないものについては「ほしい」とは答えられない

「例えば、素材にこだわり、一個一六〇円前後と常識破りの値段で販売したこだわりおむすびです。発売する前に、コンビニで一個二〇〇円近い値段のおにぎりを買うかと消費者に質問していたら、ほとんどの人がノーと答えたでしょう。

しかし、発売されたこだわりおむすびは大ヒットし、その年のヒット商品番付にもランクされました。商品を目の前で見せられると、答えが逆転する。現代の消費者は〝いうこと〟と〝行うこと〟が必ずしも一致しないのです。

顧客のニーズに応えなければならないといっても、消費が飽和したいまの時代は、消費者自身にも具体的なイメージを持って〝こういう商品がほしい〟という意見がありません。消費者もいまはない商品については、既存の商品をもとにしか答えられないため、ノーというしかないのです。

しかし、商品の売り手やつくり手までが同じように考えていたら、顧客の潜在的なニーズに応えたヒット商品など生み出せません。だから、売り手やつくり手は過去の経験を否定し、既存の常識にとらわれずに仮説を立てて、提案していかないといけないのです」

# 不況の中だからこそ「当たり前のこと」で差がつく

**◆「基本の徹底」がなぜ自己差別化につながるのか**

顧客のロイヤリティを維持するには、新しい価値をプラスオンし続け、新しいものを生み出し、フェアプライスで提供するのと同時に、もう一つ、重要なことがあるという。

一〇〇年に一度といわれた世界的な経済危機が深刻化するなかで迎えた〇九年の正月。鈴木氏は社員向けの年頭挨拶でいまは「大変革の時代」にあることを訴え、だからこそ力を注ぐべきことがらとして、第一に「基本の徹底」をあげた。

◎提言52

## 当たり前のことを徹底して実践すれば、当たり前でなくなる

「セブン＆アイグループには〝基本四原則〟があります。顧客の求める商品を揃える

〝品揃え〟、常に新鮮な商品を提供する〝鮮度管理〟、感じのよい接客を行う〝フレンドリーサービス〟、清潔で気持ちのよい店舗にする〝クリンリネス〟の四項目です。どれも、当たり前のことばかりです。

いまなぜ、当たり前のことが重要なのか。不況感が強まるほど、どこも安売りや値引きを同じように打ち出すため、単なる価格の安さだけではなかなか差別化できず、顧客の心を動かすことができません。

どうすれば顧客の心理に響くのか。一つは価値ある商品を顧客が納得できるフェアプライスで提供することです。キャッシュバックや現金下取りなどの仕かけも必要です。顧客の心理を刺激するための演出法も不可欠です。

同時に、再認識すべきなのが基本の徹底です。当たり前のことを継続して実践するのは、簡単なようでいて、いちばん難しいからです。

基本的なことがらの多くは初めはきちんとできても、次第にいい加減になっていきます。けっして容易ではないからこそ、当たり前のことを当たり前に、徹底して実践すれば、逆に当たり前でなくなり、自己差別化に結びつくのです」

### ◆人は「選ぶ」ときは肯定面に目を向け、「選ばない」ときは否定面に目を向ける

セブン&アイ・ホールディングスの「基本四原則」のうち、「品揃え」は店の経営の根

幹にかかわる基本中の基本であり、品揃えが悪ければ、利用しようという動機が当然、薄れる。「鮮度管理」はコンビニエンスストアの場合、それぞれの商品ごしに店頭に並べておく販売期限が設けられ、マニュアルで実行が決められているので、まさにできて当たり前の要素だ。

一方、「フレンドリーサービス」や「クリンリネス」はどうか。接客態度が悪かったり、店が汚れていたりすると、その店を利用する気が失せていくが、反対に接客がよければよいほど、あるいは、店がきれいであればあるほど、必ずしもその店を利用しようとするわけではない。よくて当たり前、悪いと不満を抱く。

しかし、店側はフレンドリーサービスやクリンリネスは直接的には売り上げ増に結びつかないため、ややもすると軽視しがちなところもある。

人間は「どちらを選ぶか」と問われたときには肯定的な面に目を向け、「どちらを選ばないか」と問われたときには否定的な面に目を向ける傾向があることが心理学の実験で確かめられている。

〇九年八月に行われた日本の衆議院選挙も、有権者は自民党と民主党の「どちらを選ぶか」より、「どちらを選ばないか」を問われた面が大きかった。否定的な面では圧倒的に自民党は不利だった。

二つの店舗があったとき、「どちらを選ぶか」の場合は、「品揃え」のよさが大きな要因になるのだろう。一方、「どちらを選ばないか」となった場合はどうか。「品揃え」の悪さは当然、選ばない理由になる。では、どちらも「品揃え」でほとんど差がなかった場合、「フレンドリーサービス」や「クリンリネス」といった面でのちょっとした不備が選ばない理由として大きく作用してくる。

また、人間の心理として、同じ店で顧客はちょっとしたことで失望すると、ほかにも否定的な面に目を向けようとするバイアスがかかる。逆に小さなことでも感動すると、今度は肯定的な面を見ようとするバイアスがかかる。だからこそ、不況のまっただ中での年頭挨拶で、鈴木氏は「基本の徹底」を第一に掲げたのだった。

鈴木敏文の感情経済学入門⑪

# トップ企業も「買い手の気持ち」を見失えば陥落する

## ◆選ばれるか、選ばれないか、すべては顧客の心理次第

顧客から高いブランド・ロイヤリティを得た「勝ち組」は顧客の心理に支えられて勝ち続けることができる。そのためには、常に新しいものを生み出し、新しい価値をプラスオンし続けなければならない。

では、新しいものを出せなくなるとどうなるか。初めのうちは保有効果でそのブランドに対するロイヤリティをある程度は持ち続けるだろう。しかし、競合がはるかに新しいものを出した場合、いままでどおり、そのブランドの商品を買い続けても何ら利得が得られず、むしろマイナスが生じることになる。それを回避しようとする心理が働くようになって、離れていく。

『経済は感情で動く』には、印象的な実験の例が紹介されている。携帯型オーディオプレーヤーを買おうと思って、ある店の前を通ると、ソニー製品がバーゲンで一万六〇〇〇円で売られていた。かなりの安値だ。「あなたなら買うか」と質問する実験をアメリカの大学生を対象に行った。結果は三分の二の学生が「ソニーを買う」と答えた。

次に、ソニー製品のほか、サムスン製で品質もよさそうなモデルが二万六〇〇〇円で並んでいた。これも安値だ。どうするかの質問に、「ソニーを買う」と答えた学生は四分の一に激減した。そして、二分の一が判断を先延ばしにし、残りの四分の一は「サムスンを買う」と答えた。

この実験は、人間は選択肢の数が増えるにつれて内部葛藤が深まり、判断を避けて先延ばしにする傾向があることを確かめるものだったが、それ以上に強く印象に残ったのは、二問目の設問とその答えだった。一万六〇〇〇円のソニー製とそれより一万円も高い二万六〇〇〇円のサムスン製が並んでいたとき、サムスン製を買うと答えた学生とソニーを買うと答えた学生が四分の一ずつで同数だったことだ。少し前だったら、この設問そのものもありえなかっただろう。

携帯型オーディオプレーヤーといえば、以前はソニーのウォークマンが不動のブランド力を誇った。しかし、アップル社が再生機器iPodと、音楽をネットワークからデジタル情報のまま取り込む音楽管理ソフトiTunesをセットで開発すると、消費者の圧倒的な支持を集め、一躍、首位の座をソニーから奪い取った。

アップル社は当初から、さまざまなレコード会社のミュージシャンの作品を揃え、そこからダウンロードできる仕組みを提供した。一方、ソニーの場合、傘下の事業会社ソニー・ミュージックエンタテインメント（SME）がミュージシャンを自社で抱え、厳格な著作権保護を求めたことが、新しい音楽配信市場への出遅れの大きな要因となった。だが、それは企業側の理屈であり、顧客の求めるものからは離れかけていた。

顧客に失望されて一転、選ばれないブランドになるか、それとも、顧客の満足を得て、選ばれ続けるか。すべては顧客の心理に左右されることを忘れてはならない。鈴木氏が話す。

◎提言53

# 「気持ちの世界」にいる顧客に「理屈の世界」で接してはならない

「世の中には〝理屈の世界〟と〝気持ちの世界〟があり、売り手やつくり手はとかく理屈の世界で考えがちです。もちろん、理屈が重要な部分も多くあります。しかし、顧客は気持ちの世界で買いものをします。だから、挨拶一つされるだけでも店との距離感を縮めますし、逆に挨拶がないと、店員は気がつかなかったのかもしれなくても、無視されたと感じてしまう。理屈ではわかっても、気持ちでは不満なのです。

セブン‐イレブンではいま、北京出店を進めています。政治的には共産主義体制下にある中国では、売るほうも買うほうも平等であるという考え方が長く定着していたため、小売店の接客は概してよくありません。別に客に礼をいう必要などないと考えます。

これに対し、北京のセブン‐イレブンでは日本と同様に接客重視を徹底しました。店も顧客も平等と考えるのは理屈であって、日本だろうと中国だろうと気持ちの世界では、親切に接客されて嫌な人間はいません。

企業の内部でも、理屈と気持ちの二つの世界があります。例えば、仕事上は男女平等であるべきで、われわれも女性の人材活用を積極的に進めています。ただ、すべてがすべて男女が同じであるべきかというと必ずしもそうではありません。

気持ちのうえではそれぞれ異性に対し、女性は男性ならではの、男性は女性ならではのものを求めることもあります。気持ちの世界で考えた方がいいところに理屈を持ち込むと、いろいろな問題が持ち上がります。

いちばん重要なのは、顧客との関係においてです。気持ちの世界で買いものをする顧客に対し、売り手が理屈で接すると、途端に顧客は離れていきます。その理屈は多くの場合、売り手の都合を正当化しようとするものなのです」

---

例えば、コンビニでの弁当類の見切り販売は、売り手の理屈か、それとも顧客の気持ちに沿ったものだったのか。公正取引委員会から排除措置命令が出て以降も、セブン‐イレブンの全国約一万二〇〇〇店のうち、見切り販売をしているのは一％に満たない。もし、顧客の気持ちが求めているなら、もっと大きな数字になっていただろう。

顧客はどの店舗でも同じ商品が同じ値段で買えるというコンビニチェーンの利便性に心理的な安心感を感じる。同じ見切り販売でも、スーパーでは受け入れるのに、コンビニでは特に望むわけではない。ここに顧客の心理が表れる。

◎提言54

# 売り手の理屈が生み出した“本当のようなウソ〟を見抜く

「買い手市場が進めば進むほど、顧客の購買行動は気持ちや感情や本能といった、心理学的な世界に入っていく傾向が強まっています。顧客の気持ちは、きわめてわがままで矛盾したものです。でも、その中に入っていけば、理屈が生み出した“本当のようなウソ〟を見抜くことができます。まずは、その場その場の理屈の使い分けをやめることから始めるべきではないでしょうか」

# 第III部

# 自分の中の「保守的な心理」を克服する

# 第6章 ブレイクスルー思考で新しい自分に挑戦する

## ◆挑戦するか、自分を守るか、その妥協点を変える

人間は感情の生きものであるため、自分のことになると保守的な心理に陥る。合理的な判断ができなくなり、「思考の落とし穴」にはまってしまう。

一方、買い手側の顧客も感情の生きものであるため、ものを買うとき、多くの場合、合理的な判断というより、さまざまな「思考の近道」で商品に手を伸ばす。

そこで、売り手が顧客の心理をつかみ、ニーズに応えるためには、保守的な心理から抜け出して、常に仮説を立て、前に踏み込んだ取り組みが求められる。

しかし、一人で考えていると、なかなかそこから抜け出せない。そこで一つの方法として、まわりの人間との対話が必要になる。対話をとおして自分を客観的にとらえ直し、保

守的な心理から脱していく。Ⅰ部（第1～3章）とⅡ部（第4～5章）では、売り手と買い手のそれぞれの心理を解き明かし、不況下でも買い手の冷え込んだ心理を解きほぐすための鈴木流の仕事術を紹介した。

それは誰にでもできる。人間は本来、ちょっとした意識の切り替えにより、いまの自分から抜け出せる力を秘めているからだ。

**「人は誰しも、自ら挑戦しようとする自分と守ろうとする自分がいて、その間のどこで妥協するかが、そのときの生き方になる」**

とは鈴木氏の「生き方観」だ。挑戦するか、自分を守るか、その妥協点は固定的ではなく、意識の持ち方次第でいかようにも変えることができる。

では、どのように意識を変えればいいのか。Ⅲ部では常に「ブレイクスルー（現状突破）」を求め続ける鈴木流の「生き方・働き方」を探ってみたい。

### ◆ザ・プライスが短期間に売り上げ増を実現できたもう一つの秘密

ヨーカ堂が展開を始めたディスカウントストアの新業態、ザ・プライスの第一号店で東京・足立区にオープンした西新井店でのエピソードから紹介したい。

ザ・プライスは商品の価格帯をヨーカ堂より、全体平均で一～三割安く設定している。圧倒的な低価格路線で売り上げと利益の増大を実現するためには、あらゆる方法を駆使しなければならなかった。

仕入れ面での改革はマスコミなどでも話題になった。しかし、表に出ない部分で売り上げ増と利益増に大きく貢献したものがあった。従業員の働き方が劇的に変わり、ローコスト運営を可能にしたのだ。店開店前後の経緯をドキュメント風に再現し、成功のもう一つの秘密を解き明かそう。

ザ・プライス第一号店として業態を転換する前はヨーカ堂の西新井店だった。本社の新業態開発プロジェクトのリーダーは開店一カ月前、素性を隠して視察に行った。店全体に活気がなく、社員もパートも覇気を失い、働き方にスピード感がまったく感じられなかった。

四〇〇メートル先の東武伊勢崎線西新井駅前にその前年に大型商業施設アリオ西新井がオープン。ヨーカ堂の大型の新店を核に専門店や飲食店、娯楽施設が出店した。客の流れが変わり、店歴約四〇年と古い西新井店の売り上げは大幅に減少した。この先、どうなるのか。未来への不安が仕事の仕方にも表れ、何ごとにも消極的になっていたのだ。ザ・プライスの立ち上げはその再生の意味合いもあった。

実際、この業態転換は店舗だけでなく、働く人々の意識も再生していくことになる。

本社の精鋭で構成されたプロジェクトチームは各部門の全面協力を得て突貫で準備を進め、食料品中心のディスカウントストアを常識外れの短期間でつくり上げた。

開店を間近に控え、プロジェクトリーダーは店長以下、社員、パートを全員集め、強く訴えた。

「この店を再生させるためには、皆さんが培ったキャリアが必要です。すべては皆さんの働き方にかかっています。皆さんが本当に情熱を持って、力を発揮すれば、勝ち組になれる。このプロジェクトを絶対成功させましょう」

小売業の場合、商品構成や陳列方法などは同業者にすぐ真似される。どこで差別化を図るかといえば、大きいのは人の部分だ。マンパワーこそが成否を分けることを百戦錬磨のプロジェクトリーダーは現場で痛感してきた。特にザ・プライスではコストの削減のため、社員数を減らし、パートの戦力を短期間に高めなければならなかった。

もちろん、仕入れの部分も大きく、低価格で大量に仕入れるには、仕入れ先を新規開拓する必要があったが、第一号店開業時にはあまり進んでおらず、これから開拓を始めることになったのは前述したとおりだ。

その分、機会ロスや廃棄ロスの削減や人時生産性（従業員一人が一時間あたりに稼ぐ荒利益）の向上によって、高効率の経営を目指さなければならない。いずれもが現場の人間の意識と取り組み方に左右されるものだった。

## ◆目を見張ったパートの戦力向上

開業後、プロジェクトリーダーはまず、生鮮食品について廃棄や値下げによるロスを半減させる目標を立てた。当日仕入れた商品を当日売り切る。そのため、徹底したのが集約集中販売だ。第2章でも触れたが、精肉はピーク時には単品で四段ケースに目一杯並べ、量が減ったら下の段へ、同じ段なら右から左へと集約する。

この作業を徹底すると閉店一時間前には最下段に商品が集約され、急いで買いものをすませようとする顧客の目線がそこに集中する。普通はその時間帯に行われる「五〇％引き」の必要もなくなる。そのノウハウを現場の販売スタッフに叩き込むと、運営を任せた。精肉部門で成果が出ると他の部門も刺激され、ロス半減作戦はわずか三週間で軌道にのった。

具体的な成果が現場のメンバーたちの働き方を変えていった。精肉部門の夜間アルバイトは売り切りのノウハウを習得し、自分で売れ行きをこまめにチェックしながら陳列の集約集中を行って、成果を出せたことにより、仕事への取り組み方が積極的になり、それまで三人で行っていた仕事を一人でできるようになった。

余った二人は加工食品や乳製品、豆腐などのデイリー食品の補充の応援に行く。翌朝、加工食品やデイリー食品担当のパートの女性たちが出勤すると、補充は大方終わっている。そこで今度は生鮮食品部門の補充の応援に行くようになった。

当初、他部門の仕事を手伝うことについては、経験者ほど抵抗が予想された。そこで、まずは社員が見本を見せようと、率先して応援を始めると、その姿を見たパートの間から、「マネジャー、私も行きます」という声が次々上がった。

あるとき、一人のベテランのパートがプロジェクトリーダーにこんなことをいってきた。「最近、一日があっという間に終わるんです。前の半分ぐらいに感じます」

以前は六時間かかった仕事が三時間ですむ。その分、ほかの仕事をサポートしてマルチに動く。それも〝やらされる〟のではなく自発的にだ。一日の密度が二倍になった充実感をそう表現したのだ。人時生産性は格段に向上した。

すべてがよい方向へ回転した結果、業績は予想以上の伸びを見せ、従来比三三％増の売り上げ目標を早々に二〇％も上回った。

パートの戦力向上が短期間で達成できたため、社員数の早期削減の目途もついた。もっとも、現場がこれまでになく活気づいたため、社員の中には「僕をヨーカ堂に戻さないでほしい。今後もザ・プライスで仕事をしたい」と申し出る者も出てきたのはうれしい誤算だった。当初、赤いトレーナーのユニフォームを恥ずかしがったマネジャーも、「本社の会議にはこれを着ていきます」と胸を張るようになった。

以前は業績低迷から「このまま閉店になるのでは……」と沈んでいた同じメンバーが、成果を実感できたことでいまは活き活きと働く。それがまた成果に結びつき、モチベーションを高める好循環が起こり始めた。

みんなの顔つきが変わり、声が大きくなり、動きのスピードが格段に速まった。それもわずか一カ月足らずでだ。「その進化は鳥肌が立つほど感動的だった」(プロジェクトリーダー)という。

パートのスタッフたちの活き活きとした仕事ぶりを見た来店客の中から、「私もここで働くことができないか」という申し出も相次いだ。

ザ・プライスはその後も、店舗の立ち上げに次々と成功(〇九年一二月現在一一店舗)。いずれの店舗も業績を順調に伸ばし、業態転換前と比べて、四〜五割伸ばしている。その店内には同業者と思われる背広姿があとを絶たない。ただ、商品構成や陳列方法などはすぐ追随されても、マンパワーの部分は容易に真似できない。

好業績を支える現場のマンパワーに、人間の潜在的な能力の大きさをあらためて認識させられる。

# なぜ、セブンでバイトをすると三カ月で経営学を語り始めるのか

### ◆主力商品の発注を学生アルバイトに任す

セブン-イレブンの例を見てみよう。現場のマンパワーが経営を支えるのはコンビニも同じだ。限られた店舗面積の中で利益を上げていくには、スタッフの働き方が大きなカギを握る。

セブン-イレブンでは学生のアルバイトでも始めて三カ月も経つと、経営について一家言を持つようになるといわれる。発注分担といって、学生アルバイトも担当商品ごとに自分で仮説を立て、発注し、結果を検証することを求められるからだ。

コンビニの場合、二四時間営業であるため、常にオーナーや店長が店頭に立てるわけではない。また、扱う商品も約二五〇〇品目に及ぶため、とてもオーナーや店長だけでは把握できない。OFCがアドバイスのため担当店舗を訪問するのも週に二回ほどだ。そのため、日々の発注、品出し、販売はアルバイトやパートの店舗スタッフにかなりの部分、任せざるをえない。そうした日々の実践が自信を植えつけるのだろう。

欧米のビジネススクールでも「パートタイムのワーカーがなぜ、そのような働き方ができるのだろうか」と注目を浴びる。

### ◆店の危機を救った学生アルバイトたち

セブン‐イレブンのOFCには転職組も多い。大手金融機関から転じたB氏が担当店舗を回って驚かされたのも、「若いアルバイトの人たちの力」だった。B氏がいう。

「決められた一定時間、決められた仕事をして時間給をもらうのがアルバイトだと思っていたのが、セブン‐イレブンではその常識がくつがえされました。発注を分担しながら、非常にセンスのいい売り場づくりができるアルバイトさんのいる店で、売り上げがどんどん伸びていくのを見て、これはすごい戦力だなと驚かされました。若いアルバイトさんたち一人ひとりが目標意識を持って取り組んでいる店はものすごい力が発揮されます」

それを物語るエピソードがある。あるとき、担当店舗のオーナーが急病で倒れた。あまり経営にかかわっていなかった奥さん一人ではとても乗り切れない。窮地を救ったのはアルバイトのメンバーだった。

B氏は、それぞれが発注を担当する商品分野別に、「君にこの分野を任せます。〝自分のお店〟だと思って仕切ってください」と経営を任せた。そのときの思いをこう話す。

「発注担当者一人ひとりが〝自分のお店〟の成績を上げるにはいろいろと創意工夫をしな

ければなりません。目的が与えられると評価されたいという向上心が生まれます。いい意味での競争意識も持ちながら、全体としてはアルバイトであっても経営に参加して盛り上げていってもらおうと思って、彼らに任せました。店は見事に危機を乗り越えました。学生アルバイトやフリーターといわれる人たちが、店を活性化する試みを自主的にどんどん始めてくれて、仕かけた私自身もカルチャーショックでした」

ザ・プライスもローコストで運営するためには、パートを中心とする現場のメンバーが自ら進んで仕事に取り組まなければならなかった。その環境が高い生産性を引き出した。

対照的なのがヨーカ堂やセブン－イレブンが出店した北京での話だ。北京のヨーカ堂の店舗では現地の中国人社員にどんどん仕事を任せたため、人材が次々育ち、競合から驚くほど破格の給料で引き抜かれるようになった。ところが、転職先には力を伸ばせる環境がなく、契約を打ち切られるケースが相次いだ。

「重要なのは個人と環境のマッチング」だと鈴木氏はいう。

◎提言55

# 人は「善意の生きもの」、誰もが自己啓発する力を秘めている

「人間にとって大切なのは、仕事のやりがい、働きがいです。給料の高い会社には社員が定着し、反対に給料が少しでも安かったら、離職率が高まるかといえば、必ずしもそうではなく、逆の場合もあります。要は自分の存在価値がそこにあるかどうかです。

人間は本来、〝善意の生きもの〟です。責任ある仕事を任せられると自然に仕事にやりがいを感じ、自主的に仕事をするようになるという本質を持っています。人間はこうありたい、ああありたいと思っているときのほうが心が安定していて、仕事においても際限なく何かを求めようとする。その心境こそが〝生きる〟ということです。

自分を啓発する力は誰もが秘めています。それを引き出させるきっかけや仕かけがその場にあるかどうか。重要なのは〝個人と環境のマッチング〟です。セブン‐イレブンの場合、自分で責任を任され、成果を出していける環境が自己啓発力を引き出していているのです」

## ◆一店舗で年間二億円の商売をオーナーと奥さんの二人ではできない

「個人と環境のマッチング」がうまくいかないとどうなるか。東京の住宅街にある店舗で働くパートのCさんは以前、別のチェーンの何店かで働いたことがあった。発注の仕方をあまり教えてもらえないまま、仕入れて廃棄が出ると、「給料で弁償してもらうから」と自腹を切らされた。それが怖くて、いつも「定番の数」しか発注できなかった。

事務所では店長が防犯モニターで従業員たちが仕事をさぼっていないか、確認していた。監視されているような感じがしてやりにくく、人の入れ替わりも激しかった。それがいまは、卵・漬け物・ハム・チーズの発注を担当し、自分でその都度、重点商品を決めて取り組むなど、働き方は一変した。

この店舗の場合、オーナーは日々の発注を店舗スタッフに任せると、自分の時間をもっぱらスタッフへのサポート活動に充てる。例えば、月間目標として「商品のフェースアップ（商品の陳列面がきれいに揃っているようにする）の徹底」を掲げると、フェースアップ前と後の写真を並べた自作ポスターを事務所の壁に張り出し、印象の違いを目で確認させたりする。これも発注分担により、時間の余裕があるから可能になる。

また、勤務のシフト上、毎週行うミーティングに参加できないメンバーのために、本部からの最新情報をまとめた「週刊セブン‐イレブン」や、全員で取り組む課題、注意事項を引き継ぐための「連絡シート」を作成するなど、情報の共有化にも力を入れる。その成果はパート、アルバイト同士の連携のよさに表れている。

例えば、パートのCさんは自分で重点商品を決め、多めの発注を行うとフェースを思い切り広くとり、ポップ広告も手づくりし、来店客に声かけして販売していく。ただ、勤務は午後までなので、あとは、「今日は○○が重点商品なので声かけをしてください」とメモをレジに張っておくと、夕方以降の学生アルバイトたちが張り切って、売り込んでいく。誰かが何かに取り組むと、自分の担当でなくても協力し合う。

「その一体感がうれしい」

とCさんは話す。オーナーはパートやアルバイトでも、「単なる労働力以上のものを求める」と、こう話す。

「コンビニの仕事というと、掃除をして、品物を並べて、レジ打って終わりみたいなイメージがありますが、僕がパートやアルバイトの採用面接のときに必ずいうのは、うちでは一アルバイトじゃないよ、発注も、レジ締め（お金の点検）もやって、店を支えている柱の一本になってもらうからね、と。ボートと同じで僕が片方を漕いでもぐるぐる回るだけで、みんながもう一方を漕いでくれるから前に進む。本部は方向性を示してくれる。それが僕の店です」

この店の特徴は店舗スタッフが短期で辞めず、長く勤め続けることだという。担当OFCも、「このお店はパートやアルバイトを時給八○○円のコストと考えないから長く働いてくれる」という。

「仮に一日七〇万円、年間二億円なりの商売を行おうとしたとき、オーナーと奥さんの二人で売り上げる額などタカが知れています。従業員さんの協力なくしては絶対回らない。コストではなく、ともに利益を生み出していくメンバーと考えるから仕事を任せていく。それがセブン-イレブンの原点だと思います」

「コスト」と位置づけた途端、防犯モニターで監視したり、廃棄を出した〝罰〟として給料から引くような発想が生まれるのだろう。この店でも学生が寝坊して発注時間に遅れたり、ミスをすることもあるが、その分クリスマスケーキの予約を頑張ってとってくるなど、仕事のミスは仕事で挽回させる。

一方では弁償を恐れて定番の数しかとれない、一方では自ら重点商品を決めて積極的に売り込んでいく。同じパートやアルバイトでも環境次第で仕事の取り組み方が一八〇度変わる。

挑戦するか、それとも自分を守るかは、環境にも左右される。よいマッチングを求めて、新たな環境へ移っていくことも必要になる。鈴木氏自身、三〇歳のときにそれまで勤めていた出版取次大手のトーハンから、ヨーカ堂へ移っている。

そして、そこに責任ある仕事を任せてもらえる環境があったら、自分には自己啓発できる力があることを信じて、挑戦することだ。

では、そのときどきのような働き方をすればいいのだろうか。次に見てみよう。

鈴木流「生き方・働き方」の極意②

## 人は「善意の生きもの」、だからこそマネジメントが大切

### ◆人数が多くないほうが仕事の質は高まる

人間は本来、「善意の生きもの」であり、自己啓発力を持つ。だから、責任ある仕事を任せれば、やりがいを持って取り組むようになる。その一方で、「善意の生きもの」だからこそ、適切なマネジメントが必要な面もあると、鈴木氏はいう。

一例をあげれば、セブン&アイ・ホールディングスは連結売上高約五兆二〇〇〇億円（二〇年二月期）の規模ながら、広報部員は一〇名しかいない。大手自動車メーカーでは一〇〇名を超える。業態が異なるとはいえ、圧倒的な少なさだ。

なぜ、少人数で対応できるのか。それは働く人間の心理を読み解く鈴木流マネジメントが徹底されているからにほかならない。本人が話す。

◎提言56

# 少人数で役割を固定せず、マルチに対応すると経営感覚が身につく

「一般的に、人手が多いほうが時間の余裕が生まれ、いい仕事ができると思われがちです。しかし、本当は逆で人数が多いと仕事の質は下がる面もあるのです。

なぜ、人数が多いと仕事の質が下がるのか。原因は人間の心理にあります。人間は本来、〝善意の生きもの〟です。一生懸命仕事をしようとする意欲は誰もが持っています。だから、人数が多いと本当は必要ないような余計な仕事まで始めてしまうのです。

いってみれば、普通の道路で十分なところに高速道路を造ろうとする。結果、中途半端な高速道路ができてしまう。

例えば、広報の場合、常に質の高い情報を発信するため、情報の絞り込みが不可欠です。ところが、人数が多いとあの情報も、この情報も発信しようと本質的でない仕事にまで手を広げ、情報の粗製濫造になりがちです。質の高くない情報がまじると全体の質が下がってしまいます。

また、人が増えると、一人ひとりの仕事が細分化されていくので、一見、緻密にな

ったように見えますが、実は細分化されることで一人ひとりの仕事の間に溝ができてしまっていることが多いのです。すると、全体的に見たとき、方向性がバラバラになってしまう。それを避けるため、人数を絞るのです。

人数が限られれば、限られた時間で責任ある仕事をしなければなりません。本質的に重要なことがらを絞り込むようになり、仕事の質が高まります。

また、限られた人数で、誰それは何の担当といった具合に役割を細分化して固定せず、マルチに対応していくと、一人ひとりが常に全体を把握しながら、〝森と木〟の両方を見て、自分は何をすべきかを考えなければならないため、経営感覚が養われます。

さらに、人数が少ないほど、情報は正確に伝わります。最小限の人数で情報を共有していけば、変化の激しいなかにあっても、スピーディーに対応が可能です。一人ひとりの生産性が高まると同時に、仕事を通じて価値を生み出すことができるようになるのです」

---

ザ・プライスでは、現場の販売スタッフ一人ひとりがノウハウを身につけ、成果を出していくなかで、少人数でも運営できるようになり、それがまた能力の向上につながり、生産性が高まるという好循環が生まれ、ローコスト経営が可能になった。

個人の挑戦する意欲を引き出し、なおかつ、生産性を高めるには、責任ある仕事を任せると同時に、全体のチームをどのように構成するかというマネジメントの視点も重要になる。

一方、働く側は限られた人数でマルチに対応しなければならない環境こそ、一見厳しく見えて、実は働き方が磨かれていく場ととらえ、本質的なことがらを絞り込む仕事術を身につけていくことだ。その際、時間の管理も重要になってくる。次に見てみよう。

鈴木流「生き方・働き方」の極意③

# 人は時間をかけないほうがいい仕事ができる

### ◆「二カ月以内のオープン」を求めたザ・プライス第一号店

ザ・プライス第一号店は、〇八年八月二九日にオープンしたが、鈴木氏が社内にディスカウントストアの新業態開発を指示したのはそのわずか一カ月前の六月のことだった。二カ月以内のオープンを求めたのだ。

しかし、一カ月後、進捗状況を聞くと、あまり進んでいなかった。

◎提言57

# 「できない」と考えるのは自分で限界をつくり、自己正当化しているだけ

「確かに二カ月という期間は常識破りです。しかし、各種商品の値上げラッシュが続くなかで時間をかけていては、顧客のニーズに応えることはできません。私はあらためて、〝八月中にオープン〟を厳命しました。

担当者たちは初めは〝絶対無理〟と否定的でした。しかし、デッドラインが区切られたことで逆に短期間で数々の壁を突破し、直前まで奔走して間に合わせてくれました。〝本当にできるとは思わなかった〟と、誰よりも驚いたのはメンバー自身でした。

人間は自己啓発力を持つ存在である一方で、自分を守ろうとする心理が働くと一転、自己正当化を図る存在にもなるという二面性を持っています。〝絶対無理〟〝できない〟と考えるのは、過去の経験や既存のやり方をもとにして〝できない理由〟を考え、自分で限界をつくって自己正当化するからです。

人は必ずしも時間をかければいい仕事ができるわけではありません。仕事が困難であるほど、期限をできるだけ区切ったほうがやるべき課題が明確になり、固定観念がつくり上げた限界が取っ払われて、逆に不可能が可能になるのです」

### ◆自分で仕事にデッドラインを区切れば目標は達成できる

必ずしも時間をかければいい仕事ができるわけではない。これはチームだけでなく、個人が自分の仕事を遂行するときにもいえる。

困難な仕事だからと、時間をかけて行おうとすると、時間軸があいまいになって、ずるずると時間が長引き、当初の目標とは別のものになったり、できあがったときにはタイミングがずれていたりする。

◎提言58

# 仕事は時間をかけないことで価値が生まれる

「一カ月もあればできるだろうと思う課題でも、期限を明確にしておかないと、一カ月経って、やっぱりもう一カ月かかるといった事態になりがちです。そのうち、いろいろな課題が持ち上がってくる。そうならないために大切なのは、仕事のデッドラインを明確に区切ることです。

期限を区切ったら、それを必ず達成するため、いつまでに、何を行うか、時間軸をしっかりと定め、それに対して、いまどうなっているのかを毎日、毎週きちんと確認します。もし、できていなければ、今日どういう手を打つか、明日からどう対応するかをその都度決めて、状況に応じて仕事の進め方を変えていけば、目標は達成できます。

建築用のコンクリートは完全に乾くまで時間をかけないと欠陥のある建物ができてしまいますが、仕事は組み立て方を変えることで期間を縮め、価値を生み出すことができるのです」

---

時間をかけると、その分、課題が増えるという悪循環に陥るが、期限を区切ると、仕事への積極性が増し、それが生産性を高めるという好循環に入ることができる。時間軸は仕事を進めるうえで最もあいまいになりがちな要素だけに、困難な仕事ほどデッドラインを明確にすることが大切ということだ（図11）。

## 図11 仕事にデッドラインを区切れば目標は達成できる

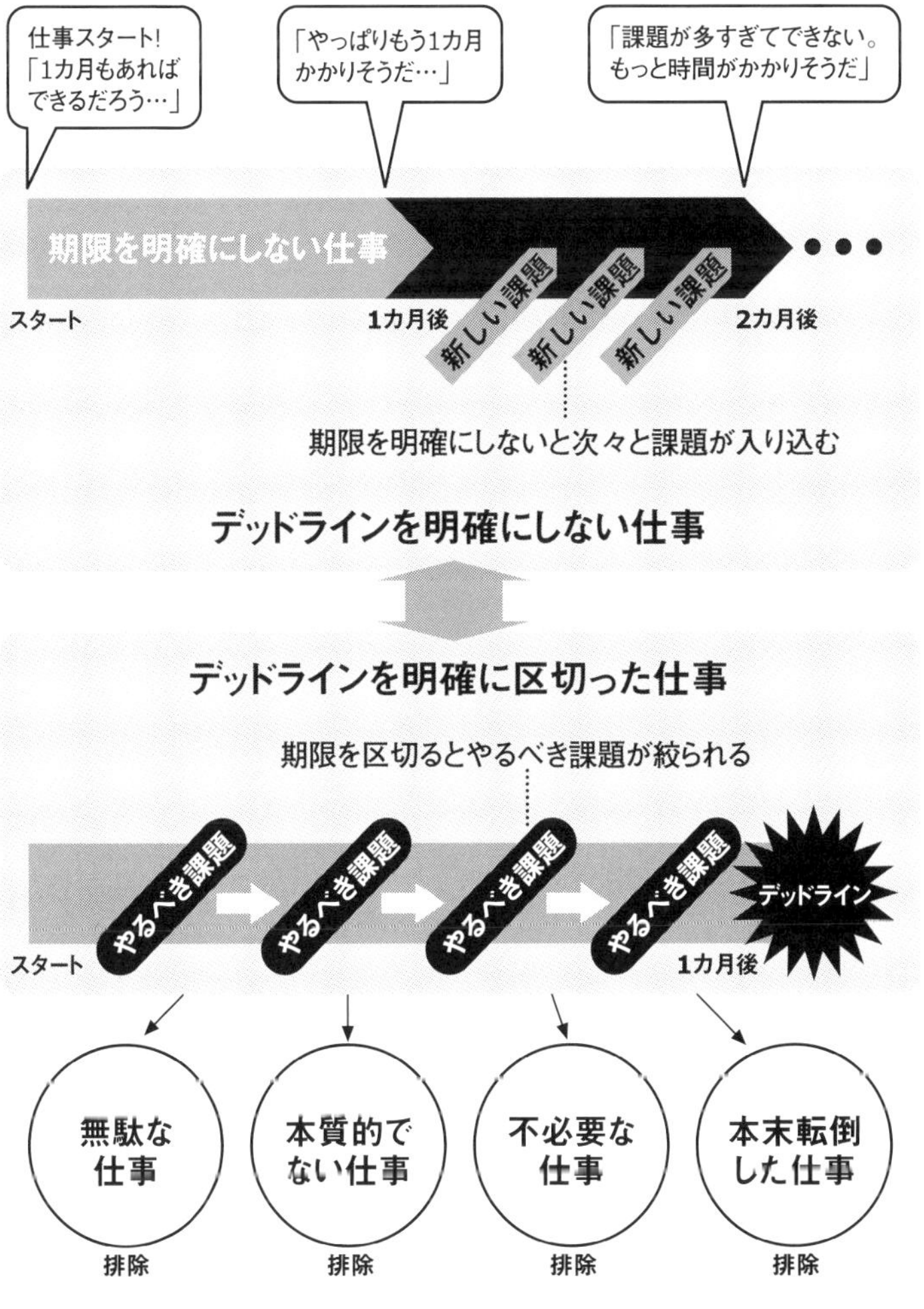


仕事の期限を明確にしておかないと、いろいろな課題が持ち上がって、1カ月経っても、「やっぱりもう1カ月かかる」という事態に陥る。仕事のデッドラインを区切ると、やるべき課題とその順番が明確になり、無駄な仕事が排除され、目標が達成できる。

# 上司は「権限委譲」と「丸投げ」をはき違えていないか

◆「権限委譲」と「丸投げ」はどこが違うか

一人ひとりが挑戦する意識を引き出していくには、責任ある仕事を任されて、自分で仮説・検証のサイクルを回していくことのできる環境が重要になる。ただ、このとき、リーダーや上司が「権限委譲」と「丸投げ」をはき違えると、逆に本人の意欲をそぐことになりかねない。ここでリーダーの役割について考えてみたい。現実には自分で「答え」を出せず、丸投げして責任をとらないリーダーがよく見られるという。

◎提言59

## 答えを出せない上司ほど「丸投げ」する

「部下に仕事を任せるとき、よくあるのが〝権限委譲〟と〝丸投げ〟のはき違いです。

チームが一体となって動くには、上に立つ人間が明確な方針を示さなければなりません。どんな路線を目指すのか、チームとしての方針や方向性を徹底し、共有したうえで、個別の仕事については各担当者の主体性や自由裁量に任せる。これを受けて、メンバー一人ひとりが常に全体を把握しながら、自分は何をするのかを明確にしていく。

もし、メンバーが自分で限界をつくり、狭い範囲の中で壁にぶつかっていたら、〝こう考えてはどうか〟と逆提案をしたり、ときには追いつめて気づきを与え、限界を突破させる。そして、思い切り挑戦させ、仮に失敗しても、結果責任はすべて上司が負う。これが本来の権限委譲です。

ところが、よく見られるのが、丸投げと権限委譲の混同による失敗です。リーダーがすべて現場の担当者たちに任せ、それぞれ自分の考えでやらせるのが権限委譲だと思い込んでいる。結果、担当者によって路線も方向性もバラバラになってしまうのです。

小売業を例にとると、マーチャンダイジングはますます難しくなっています。売る商品は複数でも、買う顧客は一人です。現代の消費者は生活全般に自分の価値観やこだわりを反映させたいと考えますから、トータルコーディネートが重視される時代になっています。

そのため、マーチャンダイジングも商品担当者が一つのチームとして取り組み、どんなコーディネートができるようにするか、陳列はどのようにするか、すべての情報を共有する必要があります。このとき、リーダーは目指す路線や価格帯を示し、そのうえで各メンバーに権限委譲すべきです。そうではなく、丸投げすると顧客がコーディネートできない商品が店頭に並ぶことになってしまいます。

これは、上に立つ人間が自分で答えを出せないか、あるいは、出そうとせずに下に丸投げし、権限委譲と呼んで取り繕っているにすぎません。上司が丸投げを権限委譲と混同している組織は一人ひとりがどんなに頑張っても拡散し、組織としての強い力は発揮されません」

## ◆「ボトムアップ」と「丸投げ」のはき違い

もう一つ、「ボトムアップ」の名のもとに自分の決断力不足を正当化するケースもよくあるという。

◎提言60

# 上司は「ボトムアップ」と称して決断を回避してはいないか

「いまはボトムアップの時代であるかのようにいわれますが、そうではありません。かつて売り手市場の時代には、商品をつくって並べれば売れたため、トップダウンだろうと、ボトムアップだろうと出てくる答えは一つで、どちらでも別に問題はありませんでした。

これに対し、変化の激しい買い手市場の時代には、常に明日の顧客のニーズを探っていかなければなりません。ところが、第一線の社員はとかく目の前にある現実に目を奪われてしまいます。だから、チームとしての方針は上に立つ人間がトップダウンで示さなければならないのです。

ありがちなのは上司が何ら方針を決めずに、ボトムアップと称して現場に対応を委ねてしまうケースです。方針が示されない限り、部下も仮説を立てて挑戦のしようがありません。そのため、第一線では目の前の現実にふり回されて変化に対応できず、後手に回る。上司は決断を回避し、現場はひたすら疲弊する。

この悪循環を断ち切るには、トップダウンで方針を示すことこそが上司の仕事であるという意識をもう一度、取り戻すことです。変化の時代こそトップダウンが不可欠であり、上が判断や決断を回避したら組織は前には進めません」

いかに責任ある仕事を任せられても、上から方針や方向性が示されずに丸投げされると、部下は保守的な心理に陥って「できない理由」を考え始めるようになる。

本人の自己啓発力を引き出すには、リーダーは本当の意味で権限委譲を行い、結果責任を負う覚悟をしなければならない。

鈴木流「生き方・働き方」の極意⑤

## なぜ、人は「都合のいい理由」を見つけたがるのか

### ◆成功は自分の力、失敗は他人のせい

人間は「自己啓発力を持つ存在」である一方で、「自己正当化を図る存在」にもなる。

読者のまわりにはこんな上司や同僚がいないだろうか。仕事に成功すると自分の手柄にし、失敗すると自分以外の要因のせいにして、責任を逃れようとする。心理学で「自己奉仕バイアス」と呼ばれる傾向だ。

◎提言61

なぜ、成功や失敗の帰属を自分の都合のよいようにゆがめてしまうのだろうか

# 人はうまくいかないと「○○のせい」にして挑戦を回避する

「不都合な問題が生じたとき、本当の原因は自分の中にあり、仕事のやり方を根本から変えるべきなのに、自分を守ろうとする心理が働くと、人は問題の矛先を外に向けようとしがちです。都合の悪い原因には目を向けず、自分が納得しやすい話をつくろうとする。

事業や商売が不振に陥ったときも、本当はいまの仕事のやり方に問題があるのに、〝うまくいかないのは○○のせいだ〟と、不振の原因を他に転嫁しようとします。コンビニの場合は、マスコミなどが〝コンビニ業界は飽和している〟と報道します。マスコミの報道を鵜呑みにし、自分の店の売り上げが落ちたことを〝飽和のせい〟にしてしまったら、それ以上の発展は望めません。

売り上げが落ちたのは顧客の支持を得られなくなった結果で、世の中の変化に対応できていないと考えなければなりません。〝飽和のせい〟にしている限り、新しいこ

とに前向きに挑戦していく意識は生まれません」

◎提言62

# 「○○のせい」にするのは「だから仕方ない」と自分を納得させているだけ

「特にリーマンショック以降の景気低迷が続く中で、多くの人が〝ものが売れないのは不景気のせいだ〟と考えているでしょう。九〇年代にバブルが崩壊し、不景気が続いたときも誰もがそう思いました。

しかし、不況下であっても、消費者は新しい価値を感じたものには進んでお金を使います。実際、共感できる価値を提供しているところは不況下にあっても業績を伸ばしています。

ものが売れないのは、消費者のニーズを掘り起こすような新しい商品やサービスを提供できていない自分たちに責任がある。なのに、〝不景気のせい〟にすることで〝売れなくても仕方ない〟と自分を納得させているだけなのです。

営業成績が上がらないのは消費が回復しないから仕方がない、競争が激化したからしようがない、……等々、〝何かのせい〟にして妥協したら、それで終わりです。

景気が回復しても、業績はもとには戻らないでしょう。原因を自分の中に探り、仕事の仕方を変えた人だけが成果を手にすることができるのです」

鈴木流「生き方・働き方」の極意⑥

## ブレイクスルー思考で自分を超える

### ◆未来から現在を省みる

「過去の延長でいまなすべきことを類推するのではなく、目指す未来から現在を〝省みて〟、いま何をすべきかを考える。それがブレイクスルー思考です」

鈴木氏は社員に向け、変化の時代に求められる思考法をことあるごとに訴える。

現在や過去を分析して未来を予測するのではなく、未来に目を向けて新しい可能性を見いだし、そこから振り返って過去や現在を否定的に問い直し、自分たちがいま行うべきことを考え、壁を突破する（図12）。

鈴木敏文流経営学は、仮説・検証のサイクルを回す仮説思考が大きな柱となっているが、ブレイクスルー思考は、未来に向けて仮説を立てることを強調したものだ。

## 図12 ブレイクスルー思考で自分を超える

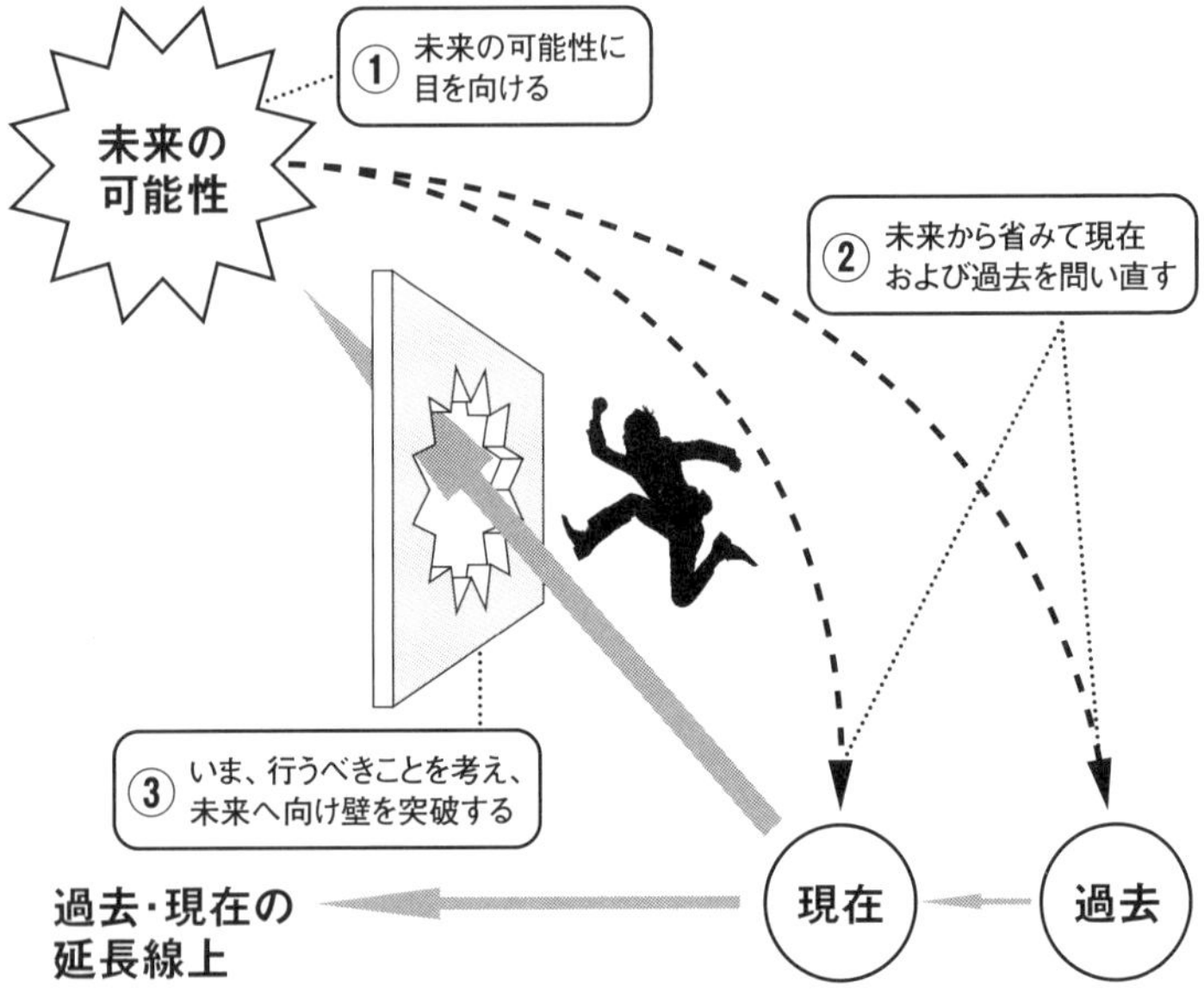


現在や過去の延長線上に未来を予測するのではなく、①未来の新しい可能性に目を向け、②過去や現在を否定的に問い直し、③いま何を行うべきかを考え、壁を突破する。

ブレイクスルー思考を実践して新しいことに挑戦し、最初は否定的だった取引先も最後には巻き込んでいった例を紹介しよう。

第1章で登場した鈴木氏の次男、康弘氏が社長を務め、セブン&アイグループで今後大きな成長が期待されるネット通販事業を担うセブンネットショッピングのケースだ。

ブレイクスルー思考や仮説思考に必要な思考と実践のプロセスが非常によくわかる。「基礎編」と「実践編」とに分けて見てみよう。

【基礎編〜四角いリンゴづくりや『論語』の講読】

セブンネットショッピングでは毎週火曜日、全社員約五〇名を集めて全体会議が開かれる。基本的にはトップの意思をダイレクト・コミュニケーションで伝える場だが、随時、基礎的な思考力をトレーニングするためのユニークな試みが行われる。

ある日の全体会議。鈴木社長は社員に一つの設問を提示した。

「四角いリンゴをつくるにはどうすればいいか、アイデアを出しなさい」

社員の手が次々あがる。「皮をむき、四角く切ってまた皮を張りつける」「万力で強引に四角くする」「催眠術をかけて四角く見せる」「多くのリンゴを四角く積み上げる」……等々、多様なアイデアが飛び出す。その光景は会議というより、勉強会を思わせる。

読書会形式でテキストに『論語』を使うときもある。「仁・義・礼・智・信」の五徳を説く論語を一編一編読みながら、社員たちに自分なりの解釈を発表させる。

また、松下電器産業（現・パナソニック）創業者の松下幸之助氏が提唱した「素直な心」についても議論することもある。何ものにもとらわれず、ものごとをありのままに見る素直な心になればものごとの実相が見えて、何をなすべきかがわかってくる。それが「素直論」だ。

このユニークな会議のねらいを鈴木社長はこう話す。

「なぜ、論語を読むのかといえば、〝正しいことを行う倫理意識〟をみんなで共有するためです。人間誰しもよいことをしたいという心を持っています。論語を読むのも、それを引き出し、仕事の中で実践しようという意識を高めるのです。うちは二十代が多い若い会社ですが、若い人は論語や松下幸之助さんの話など受け入れないと思うのは過去の延長線上の考えで、みんな面白がって取り組んでいます。絶対的な価値は世代を超えるのです」

セブン&アイグループは絶え間なく変化する顧客ニーズに常に応えるという「あるべき姿」をひたすら追求することを企業ビジョンとする。しかし、企業ビジョンは多くの場合、絵に描いた餅に終わってしまう。

特にセブンネットショッピングは九九年に設立された若い会社で、しかも、ネット企業であり顧客とダイレクトに接しないため、顧客にとっての「あるべき姿」を追求するといっても実感しにくいところがある。

そこで、「人間にとって何が正しいことか」を説いた論語を全員で読むことで、正しいことを行う倫理意識を共有する。そして、過去の経験や既存の常識にとらわれずに素直な心でものごとを見、四角いリンゴづくりのような柔軟な発想で考えて、未来の可能性が見えたら仮説を立て、実行していく。

四角いリンゴづくり、論語や松下幸之助語録の講読……これら基礎的な思考力のトレーニングがどう活かされるか、ブレイクスルー思考のある事例を見てみよう。

## 【実践編①～「梱包材＝茶色の段ボール紙」の常識を破る】

全体会議では社員からの自発的な企画の提案も行われる。ある日、カスタマーサポートを担当する二十代の女子社員三人組がこんな提案をした。

「商品を梱包する段ボール紙を茶色から白に変えてはどうでしょうか。セブン－イレブンの店舗で商品を受け取るとき、白のほうがお客様も気持ちよく受け取れますし、特に女性は心理的に手に持って歩きやすいはずです。物流業者さんも梱包材が白いと心理的に丁寧に扱ってくれて、破損が出にくいと思うのです」

梱包材という、誰も気づかなかったところでの提案に場内から拍手が湧き上がった。茶色から白に変えるには発送業務を担当する出版取次のトーハンの了解を得なければならない。交渉は鈴木社長が引き受けたが、当初、梱包材の色を変えることの意味合いがなかなか理解してもらえなかった。

物流業界では「梱包材＝茶色の段ボール紙」が長年の常識であり、世の中一般的にも梱包材は茶色が当たり前と思われ、顧客からも別にクレームが来ていたわけではなかった。茶色から白に変えれば当然、コストがかかる。通常なら、色を変える発想など出ない。

女子社員三人組が現状に疑問を抱き、白に変えるという仮説を導いたのは、「顧客の立場で」考えたからだった。

梱包材は茶色が常識だとか、白に変えるとコスト増になるとか、取次は納得するだろうかといった既存の概念にとらわれず、顧客にとって何がよいことなのかと素直な心でありのままに見ると、茶色の梱包材にどこか我慢している自分に気づく。

そこから、梱包材が白なら顧客も喜び、物流での破損も減るだろうという仮説が浮かび上がったのだった。


【実践編②～「目的と目標」を明確にし、仮説を実行する】


鈴木社長はここで女子社員三人組に対し、単に仮説を立てるだけでなく、自分たちの立てた仮説について「目的と目標」を明確にさせた。鈴木社長が話す。

「目的とは目指す未来のイメージです。梱包材が白のほうが顧客の満足度が増し、流通業者の扱い方も丁寧になって、破損が出にくい。そのイメージと同時に、数字の目標も設定させたのです。梱包材を白に変えたときの売り上げ増や破損減の期待成果を数値化して考えてみる。これで、仮説が地に着いたものになります」

仮説が独りよがりの空想や思いつきで終わらないよう、数値化という客観的な視点も入れることで、説得性を高めたわけだ。

「そこまでいけば私はゴーを出すだけで、あとは黙っていても、みんな情熱を持って動き出します」

三人組は仮説を実行に移していった。白い梱包材のアイデアはトップ以下、社内の誰もが協力しないわけにはいかないほど共感を呼び、トーハンも次第に理解を示してくれるようになり、多くの人々の賛同と協力により実現した。

仮説を実行するとき、一人の力だけでは実現できないことも多いが、仮説が顧客にとってよいことや正しいことであていれば、問題は解決されると鈴木社長はいう。

「仕事にはWANT（したい）とCAN（できる）とMUST（しなければならない）の三つがあり、仮説はWANTです。自分のCAN（実現力）が小さくても、WANTが正しいものであれば、まわりの共感を呼び、その協力を得てCANはどんどん膨らんでいく。四角いリンゴのつくり方がいくつもあるように、仮説を実現する方法はいつとは限りません。ある方法が駄目なら、別の方法を考える。あらゆる方法を駆使して絶対あきらめない。それが実現力だと思います」

【実践編③～重要なのは小さなことについても思考や行動のクセをつけること】

こんな例もある。多忙で書店に行く時間のない研修医や看護師向けにネット上で医学書フェアを企画した社員がいた。自分は専門知識はほとんどない。そこで医学出版社を訪ね、熱心に説明して回った。その情熱に応えてくれた出版社の協力でフェアは大成功に終わった。

ある社員は、取次の倉庫で膨大な赤本（大学入試の過去問題集）の在庫を目にして、「北海道の高校生が地元では買えない九州の大学の赤本を買えるように日本一の赤本のネット書店になろう」と思いつき、実現させた。

またある中年社員は出版社の倉庫で往年の人気コミックを見つけ、「子供時代と違っていまは多少ともお金に余裕のある中年層向けに懐かしコミックのセット販売をしたら喜ばれる」と自身の思いから発案し、ヒットさせた。

顧客にとってよいことを行うという意識を持ち、既存の概念にとらわれずに、ものごとをありのままにとらえ、新しい可能性が見えたら、仮説を立てる。そして、それが客観的にも説得性があると位置づけられたらいま何をすべきかを考え、あらゆる手段を駆使して実現する。

「大切なのはものごとの大小ではなく、そうした思考や行動のクセをつけることだと思います」（鈴木社長）

### ◆部下に「君はどうしたいのか」と問いつめる

セブンネットショッピングでは、もう一つ、社員たちに強く求めていることがある。

「君はどうしたいのか」とことあるごとにトップ自ら社員に問いつめる。その意味合いをこう話す。

「いまの時代、親とか先生とか上司が妙に答えを導いてしまうので、本人はハイ、ハイといっていればすんでしまいがちです。そうではなく、私は常にみんなに、どうしたいんだと聞く。仮説を立てるとは自分なりにゴールを描くことです。どうしたいのかと問いつめて、自分でゴールを考えさせる。うちの会社では、ハイ、ハイばかりいっていると怒られます」

社員たちに「どうしたいのか」と問うのは自身の体験に根ざしているという。子供のころから、父親である鈴木敏文氏に何かにつけて、「お前はどうしたいんだ」「それはどうしてだ」と問われ続け、自分で考えるクセを徹底してつけさせられた。前身のセブンアンドワイをたった一人で起業したのも、その思考が体に染みついていたためだ。

「その意味では親に感謝している」

と鈴木社長はいう。

## ◆信念にしたがって挑戦すれば、みんなが力になってくれる

世の中の変化を見すえ、「こうありたい」「こうあるべきだ」という一歩先の未来の可能性が見えたら、そこへ自分を投じ、新しい自分をつくり出していく「自己投企型」へと自らの働き方や生き方を変えていく。大切なのは「**信念をもつこと**」だと鈴木氏はいう。

◎提言63

# 行動を変えて成果が出れば、次の行動につながる

「変えるというのは、口でいうのは簡単ですが、実際に行動を変えるのは本当に大変なことです。苦痛がともなうでしょう。しかし、仕事の仕方を変えずに変化に取り残され、その結果、もたらされる苦しみのほうがはるかに大きい時代になっているのです。

苦痛がともなっても行動を変えて、成果を上げられれば、それが次の行動につながります。成果を上げることで得られる達成感や充実感は、その人にとっては大きなご褒美であり、その喜びを得るため、さらに大きなチャレンジに取り組もうという意欲が生まれます。だから、大変であっても、まずは最初の壁を破ることです。

もちろん初めのうちは、上から仕事のテーマを与えられることが多いでしょう。それでも、〝やらされている〟という意識で取り組むのと、自分から興味を持って先へ先へと切り開いていくのとでは、結果がまるで違います。

〝やらされている〟と思っていると当事者意識が薄れ、過去の延長上でものごとを考えがちです。一方、自分から興味を持てば、新しい可能性が浮かんできます。それに

は、自分なりの信念を持つことです。それは、顧客のニーズに応えるためには自分で妥協しないという思いでもいいし、自分は必ず仕事で付加価値を出していくというこだわりでもいいでしょう。

信念を持って考え、行動に移し、周囲に働きかけていけば、周囲も変わっていく。信念にしたがって挑み続ければ、必ずみんなが力になってくれます。一人の力は小さくても、多くの力が集まれば、困難を乗り切る力も生まれます。それが再び自分自身への刺激になって、次の意欲が湧いてきます。最初の壁を破れる人と〝やらされている〟という意識でいる人の差はここに出るのです」

---

ブレイクスルー思考は、鈴木敏文氏自身の生き方でもある。本書のしめくくりとして、次章で「自分はある意味、行き当たりばったりに生きてきた」という鈴木氏の生き方をなぞってみたい。

第7章

# 常に懸命であれば「行き当たりばったり」の生き方でもかまわない

## ◆懸命に仕事をすることの大切さ

日本経済新聞朝刊文化欄（最終面）の人気連載コラム「私の履歴書」は年始めの一月と年度初めの四月には大物がとりあげられることが多い。〇七年の一月はノーベル物理学賞受賞者の江崎玲於奈博士、そして、四月は鈴木敏文氏が登場し、長野県埴科郡坂城町での誕生（一九三二年）から現在に至るまで、歩んだ足跡をたどった。

鈴木氏の生き方は過去の延長上でもなければ、計画的にでもなく、どちらかといえば、「行き当たりばったり」の印象が強かった。ただ、それはけっして、いい加減な生き方という意味ではない。鈴木氏の生き方の最大の特徴は、そのときどきで「やるべき価値」があると思ったことに向かって懸命に生きてきたことだ。それが結果として、「行き当たりばったり」のように見えるのだ。

「人間は誰しも、挑戦しようとする自分と自らを守ろうとする自分がいて、その間のどこで妥協するかが、そのときの生き方になる」とは鈴木氏の人生観だ。自身については、「自分で自分に妥協できない。損な性分だと思うが、それが自分の生き方だ」という。

いまいるところにとどまらず、常に一歩前に踏み出し、しばしば周囲の猛反対にあっても、「やるべき価値」があると思うことを実践してきた。そんな鈴木氏は懸命に仕事をし、生きることの大切さをわれわれに示してくれる。

鈴木流「生き方・働き方」の極意⑦

## 懸命に「行き当たりばったり」に生きる

### ◆学生運動でブラックリストにのる

鈴木流の「行き当たりばったり人生」は学生時代に始まる。鈴木氏は一九五二年、中央大学経済学部に入学する。二年生になって、学生生活は思わぬ方向に向かう。「経済学会」というゼミに入ったところ、ゼミの先輩から「自治会に入ってくれ」と強引に推挙されてしまう。

その後も鈴木氏の生き方で一貫するのは、そのときどきに出くわしたものにけっして目を背けたり、背を向けたりしないことだ。鈴木氏は、全学自治会の中央委員の一人に推されてすぐに庶務部長に選ばれ、二カ月後には書記長になっていた。全学自治会の左派と右派の対立が激化し、三役が総辞職に追い込まれてしまったため、右でも左でもなく、何かと「あるべき論」を唱えていた鈴木氏に大役が回ってきたのだった。二年生の書記長就任は大学創設以降初めてのことだった。

学内は「学生選挙権はく奪問題」で揺れていた。「就学のため下宿や寮に居住している学生で学資の大半を郷里からの仕送りに頼っているものの選挙権は就学地ではなく郷里に置く」という自治庁（当時）の秘密通達が発端だった。各大学の自治会が通達の撤回を求め、学生運動を展開。中央大学でもデモや抗議集会を繰り返した。

やがて、就職活動のシーズンになって、学生運動にかかわったものは企業のブラックリスト（要注意人物リスト）にのせられ、通常の就職はほとんど道が閉ざされていることを初めて知った。

試験が受けられるのはマスコミぐらいだった。新聞社の入社試験を受けたが、面接試験で生来のあがり症が頭をもたげ、結果は不合格になる。農協の県の幹部を務めていた父親のツテで主に農家向けの雑誌を出していた出版社がとってくれるという話も、急に相手側の方針が変わって、その年は採用がないことになってしまった。

結局、その出版社の紹介で出版取次のトーハンの試験を受けることができて、なんとか合格した。自分ではまったく想定していなかった会社に勤めることになったのだった。

## ◆ヨーカ堂へ転職したら話がぜんぜん違った

トーハンには七年半在籍して、三〇歳の秋、鈴木氏はヨーカ堂へ転職する。しかし、いまでいうキャリアアップなどという類ではない。いきさつはこうだ。

トーハン時代の後半、二十代の鈴木氏は弘報課で「新刊ニュース」という隔週刊の広報誌の編集を任された。あるとき、誌面改革を提案する。新刊目録中心の無料配布から、新刊の紹介のほか、軽い読み物を揃えて、読書家にホッと一息ついてもらうような冊子に変え、有料で販売する。上司からは「そんなものは売れるわけがない」と反対された。

しかし、どうしてもあきらめられず、別の部門長に相談したところ、トップに企画案を見せることができて、実現にこぎつけた。部数はそれまでの五〇〇〇部から一三万部へと大躍進をとげた。

「新刊ニュース」の編集では、トーハンの看板の強みでどんな大物作家や有名文化人にも誌面に登場してもらえた。しかし、それは自分の実力でも何でもない。名界で活躍する著名人に会うたびに逆に自分の小ささを感じる日々だった。

新しい世界で自分の力を試してみたい。そう思っているとき、仕事でつき合いのあったマスコミ関係者たちとテレビ番組を制作する独立プロダクションを設立する話が持ち上がった。娯楽の中心は映画からテレビに移りつつあった。「これはやるべき価値がある」。その気になって、出資してくれるスポンサー探しを始め、足を運んだのが以前、友人の紹介で訪ねたことがあったヨーカ堂だった。

ナンバーツウの本部長に会い、構想を話し、スポンサーの件を打診すると、本部長は「それならうちに入ってやればいいじゃないか」という。聞けば、チラシの編集など販促の仕事をしながら、独立プロダクションをつくれそうだった。すっかりその気になり、あとさきを考えず、親兄弟や上司の反対を押し切って、転職を決めた。

ところが、転職後、独立プロ設立の話は自然消滅してしまう。本部長はもともとその気はあまりなく、単に戦力がほしいだけだった。明らかに転職は失敗だった。しかし、周囲の反対を押し切って転職したため、とても「辞める」とはいえなかった。

### ◆セブン－イレブンも失敗からスタートした

その後、鈴木氏は販促、人事、広報と経理・財務以外のほとんどすべての管理業務を一人で兼務し、三九歳で取締役に就任する。このころ、労働組合の結成、株式の上場など、トップや周囲の反対にあっても「やるべき価値がある」と思って説得し、実現にこぎつけた。そして、セブン－イレブンの創業にいたるのだが、その創業も失敗からのスタートだった。

六〇年代後半以降、スーパー業界では新規出店のたびに地元の商店街から強い反対運動が起こるようになっていた。鈴木氏が交渉の場で、「大型店と小型店は共存共栄が可能」と訴えても、「そんなのは強者の論理でできるわけがない」と交渉は平行線だった。ここで普通なら、大型店と小型店の共存共栄は難しいとあきらめるところだろう。

あるとき、海外研修に出かけたアメリカのカリフォルニアで道路脇にあったセブン－イレブンの店舗にたまたま立ち寄った。巨大な総合スーパーが随所にあるアメリカでも小さな店があることが印象的だった。帰国後、調べると、運営するサウスランド社は全米で四〇〇〇店ものチェーンを持つ超優良企業だった。

このシステムを日本に持ってくれば、大型店と小型店の共存共栄が可能になるのではないか。さっそく社内で提案すると猛反対にあった。鈴木氏はそれを押し切って、サウスランド社とライセンス契約のための交渉を始めたが、最初は門前払い同然だった。

なんとかツテをたどってやっと、先方と交渉の席を持つことができたが、提示された条件はあまりにも厳しく、交渉は難航に難航を重ねた。それでもあきらめず、最後は決裂覚悟で希望する条件を提示して相手側の大幅譲歩を引き出し、妥結に持ち込んだ。

七三年、契約を交わし、新たに運営会社ヨークセブン（現・セブン－イレブン・ジャパン）を設立すると、すぐにサウスランド社のトレーニングセンターで採用したばかりの社員の研修が始まった。

ところが、驚いたことに、研修内容はレジの打ち方や報告書の書き方など初歩的な内容ばかりだった。開示された二七冊に及ぶ分厚いマニュアルも、初心者向けの入門書のような内容ばかりで、システマチックな経営ノウハウはどこを探しても見つからなかった。

サウスランド社にはマーケティングや物流についての相当な仕かけがあり、それを日本で活用すればいいと考えたのは勝手な思い込みだった。契約締結は、その時点では明らかに失敗だった。そんな自分の人生について、鈴木氏はこう話す。

◎提言64

## 失敗しても逃げてはいけない、そこからまた始めればいい

「就職、転職、新事業の設立……と、私は人生の節目節目で必ずしも思いどおり順調にいったわけではありません。特にヨーカ堂へ転じたときやセブン‐イレブンの事業を始めたときには、明らかに失敗からスタートしています。振り返ってみると、結構行き当たりばったりだったと思うのは、そのためです。

ただ、これだけは自信を持っていえるのは、そのときに出くわしたことから逃げず

に、真正面から取り組んできたことです。何ごとも自分なりにきわめないと気がすまない性分のため、意図せずして外から飛び込んできたことも自分の中に取り込んで、けっして中途半端ですませるようなことはしませんでした。

トーハンからヨーカ堂へは、元上司と一緒に販促の仕事をするつもりで移りましたが、元上司は一カ月で辞めてしまいました。販促は仕入れの商品部と販売の店舗の間に挟まれ、双方から文句をいわれやすかったからです。私は理屈に合わないことは頑として突っぱねたので、そのうちどちらからも何もいわれなくなりました。

人事の責任者も任されました。いちばん大きな仕事は採用です。六〇年代当時、若手労働力は自動車や家電などの花形の輸出産業へ流れ、知名度の低いヨーカ堂は採用活動が本当に苦労の連続で、大手企業からスカウトした人事の責任者が次々と辞めていました。

私は、言葉による説明だけではなかなか総合スーパーという業種を理解してもらえないだろうと、最新式のスライド映写機を抱えて、部下と一緒に全国の高校を回りました。企業イメージを高めるため、旺文社とタイアップして高校生懸賞作文コンクールを主催するなど、考えられるアイデアは何でも実行しました。

セブン‐イレブンを創業したときも、難交渉の末に契約にこぎつけたものの、開示されたマニュアルや経営ノウハウは、ビジネス環境やインフラが異なる日本では通用しないものばかりでした。どうすればいいのか。アメリカでの研修期間中は誰にもいえず、悶々とした毎日を送りました。

ただ、社内外の猛反対を押し切って始めた事業です。新会社の資本金一億円のうち、ヨーカ堂から出たのは半分だけで、残りは私自身貯金をはたいたり、周囲の人に呼びかけて独力で集めました。新聞広告で募集した社員たちはほとんどが小売業の経験を持たない素人ばかりでしたが、新しい事業のために集まってくれた人たちです。もうあとには引けません。

サウスランド社のマニュアルやノウハウが使えない以上、すべてを自分たちでゼロからつくり上げるしかない。そう覚悟したことで、日本の流通業の歴史を塗り替える挑戦が始まります。それは、本当に困難な道のりでした。

考えてみると、素人集団が日本初の本格的なコンビニエンスストア・チェーンに挑戦すると決意したからこそ、あきらめずに一歩一歩進むことができたようにも思えます。もし、アメリカでのノウハウがある程度使えたら、もう少し安易に考え、既存の常識を一つ一つくつがえしていくほどの徹底した取り組みはできなかったかもしれません。

失敗はそのまま何もしなければ失敗に終わります。しかし、一度失敗しても視点をまったく切り替え、新たに挑戦を始めれば、チャンスへと導くことができます。最大の失敗は最大のチャンスをつかむきっかけにもなるのです。重要なのは、そのときどきの状況において、どれだけ踏み込んだ判断と行動ができるかです」

## ◆大切なのは人生が一段一段積み上がっていくこと

鈴木氏が失敗学で知られる畑村洋太郎・工学院大学教授を相手に行った対談が、セブン&アイグループの広報誌に掲載されたことがあると前述した。その中で鈴木氏はわれわれが日々経験する失敗への対応の仕方について、こう語っている。

「例えば、明るいところで小石か何かにつまずいたら、その小石を取り除けばすみます。しかし、暗闇で何かにつまずいたら、つまずいたものを取り除くだけでなく、ほかにも何かつまずくものがないかと、いったん立ち止まり、予断を排して障害物を取り除かなければ、二度三度とつまずいてしまう可能性がありますね」

解決策が容易に見えないなかで困難な課題に直面し、ときに失敗したら、目先の対処に追われるだけなら、同じ失敗がくり返され、先へは進めない。

そうではなく、過去の経験や常識にとらわれずに、この先どのような問題が生じ、それはどうすれば解消できるのかを洗い直し、解決する方法がいまはなければ、自分たちで解決策の仮説を立て、実行し、結果を検証していく。

挑戦には失敗もともなうが、これを繰り返していけば、必ず成功へ近づくことができる。

## ◆自分の弱点を強みに変える

鈴木氏は子供のころから極度のあがり症という弱点も持っていた。いまは講演や講話は難なくこなすが、一対一で話すのはなおも不得手で雑談が続かない。「三〇分も話しているとネタが切れ、何を話していいかわからなくなる」と語る。

小売業にかかわりながら顧客の前に出る販売や営業の経験をしたことがない。応援にかり出されても、人見知りの性格が出て、「お前が立っているとケンカを売っているみたいだ」といわれた。また、社内でさまざまな提案を行っても、「販売経験がない人間に何がわかるか」といわれて反対された。

しかし、販売経験はないが、「顧客の立場で」考えることはできる。あがり症で人と面と向かって話すのが苦手という弱点のため販売や営業には向かないが、その分、売り手の論理ではなく、徹底して買い手の視点からものごとを考え、常識を打ち破り、新しいことに挑戦して、成功に結びつけた。

自分の弱点を理由に一歩引き下がるのではなく、自分ならではの視点を持ち続けて、懸命に仕事に取り組めば、誰でもそれを強みに変えることができる。

◆一日一日を精一杯生きる

「大切なのは毎日が瀬戸際と思って、一日一日を精一杯生きること」だと、鈴木氏は自身の生き方をこう語る。

◎提言65

# 計画的に生きるか、そのとき、そのときを懸命に生きるか

「世の中には、将来に向けて明確な目標を立て、そこから逆算して目標にいたる道筋を考え、着実に歩んでいく計画的な生き方があります。一般的にはそのほうが好ましい生き方のように思われているかもしれません。計画的な生き方ができずに、自分は駄目な人間だと自信をなくしてしまう人もいるでしょう。

でも、計画的に生きるだけが人間の生き方でしょうか。遠い将来のことばかりを考えるより、そのとき、そのときに直面する課題やものごとに懸命に取り組んでいく生き方もあるのではないか、と私は思います。

まわりから見ると、一直線の最短距離ではなく、あっちへ行ったり、こっちへ向いたりと方向が定まらないように見えても、本人からするとそれは真剣にそのときにや

**るべきだと思い、逃げてはいけないと思ったことに挑んだ結果であり、けっしてぶれてはいない。そんな生き方もあるはずです。**

**きちっと計画的に人生を歩む生き方と、真剣にそして懸命に〝行き当たりばったり〟に生きる生き方があるとすれば、私は明らかに後者のほうに入ります。いま、あらためて考えてみると、自分で何かをしたというより、目の前にある問題に常に真正面から取り組み、解決しようとして、結果として自分の人生が一段一段積み上がってきた。そんな生き方をしてきました。**

**最近は〝第二新卒〟という言葉があるほど、若い人たちは就職してもすぐ転職し、その後も転職を重ねるようです。転職でも大切なのは、そのときに真剣にこの会社に転じるべきだと思って転じ、人生を積み上げていけるかどうかでしょう。**

**何も積み上がらなければ、ただの行き当たりばったりですが、歩んだ軌跡として一段一段積み上がっていけば、必ず自分の納得できるところに到達できます」**

## ◆「石の上にも三年」

こんなエピソードがある。セブンネットショッピング社長の康弘氏から聞いた話だ。大学卒業後、富士通にシステムエンジニアとして勤務していた二十代半ばのころ、自分はいまの仕事に向いていないのではないかと転職を考え、父親に相談したことがあった。

「石の上にも三年」

家でも口数の少ない鈴木氏はひと言だけ、そう答えたという。康弘氏は転職を思いとどまると、シンガポールに駐在してアジアの各地でプログラム開発に従事した。それぞれ人種も違えば、宗教も違う。理解を超える現実を目の当たりにした。

インドのムンバイでは片方の腕のない幼児が金を請うてきた。現地の人の話では、腕は親が切り落としたとのことだった。そうすれば、お金を恵んでもらって食べていける。最下層の人間にとっては、それが親の愛なのだと。衝撃を受けたが、頭で理解するより、すべてをありのままに受け止めるしかないと感じ取った。日本では出合うことのない貴重な体験だった。

三年ほど経って、一時帰国した康弘氏はたまたま知り合いの紹介でソフトバンクの孫正義社長と会う機会があった。アジア勤務を始めたとき、「ミスタースズキは日本人のくせに日本のことを知らない」といわれたのがショックで、以来、歴史本をむさぼり読んだ。孫氏も歴史好きで知られる。互いに意気投合し、「うちに来ませんか」と強く誘われた。富士通に入社してほぼ一〇年が経っていた。再び、父親に相談をすると、

「お話をお受けしてはどうか」

今回はそうアドバイスされた。ソフトバンクへ移り、一転、営業職に就き、前任者からの引き継ぎはわずか三日で五〇社を担当した。孫氏からはことあるごとに、「脳ミソから

血が出るまで考えろ」といわれ続けた。

たまたま社内で事業プランの募集があった。自分が大の本好きだったことから、インターネットで本を注文し、コンビニエンスストアの店舗で商品の受け渡しと決済を行う書籍のネット通販事業を立案して応募したところ、孫氏は即決。しかし、「出資以外の支援はしないよ」といわれ、システムづくり、人材募集、オフィス探し……何から何まで自分の手でこなし、会社で寝泊まりし、独力で起業してセブンアンドワイを設立した。

それから一〇年、第二の出発点となるセブンネットショッピングはそれまで、セブン&アイグループ各社ごとにあったインターネットショッピングを一本化して、食料品から日用品、衣料、家電まで、グループで扱うすべての商品を販売する総合ネット通販サイトとなり、新しい成長の原動力になると期待されている。

「石の上にも三年」とアドバイスされたときは、将来、自分が起業することも、その会社が日本最大の流通グループのネット通販事業の中核を担うことも予想しなかっただろう。

「私はシステムエンジニアや営業の仕事を積み重ねてきたから、結果としていまがあると思う」

と康弘氏はいう。

とかく人間は自分のことになると保守的になるが、保守的な心理のままでは人生は積み上がらない。たとえまわりからは「行き当たりばったり」に見えても、真剣にそして懸命に「一日一日を精一杯生きる」。
そんな生き方に踏み出してはどうだろうか。

# おわりに

佐藤可士和氏といえば、幅広い分野でアートワークやディレクションワークを手がけ、数々のヒットを生み出してきた、いま最も注目を浴びるアートディレクターだ。その佐藤氏と鈴木氏がセブン&アイグループの広報誌「四季報」(〇九年冬号)で対談している。

その中で、新しいものを生み出すにはどうすればいいかというテーマで語り合う部分がある。佐藤氏は「素人の目線」を重視する鈴木氏の経営学に共感を示しながら、自身の経験を話す。

それは携帯電話のデザインを手がけたときの話だ。佐藤氏は「全体が赤なら赤という同じ色で統一されている携帯電話がほしい」と思っていたが、当時は存在しなかった。

メーカーの担当者に「どうしてこの部分は色を変えているのか」と聞くと、「そこはゴムの部分だからグレーなんです」という答えが返ってきた。業界では、部材が異なる部分も同じ色にするとコストアップになるため、色を変えるのは当たり前だった。

しかし、ユーザーから見れば、全体が赤くてカッコイイほうがいいに決まっている。佐藤氏は、コストが上がるから同じ色にしないという議論はリアリティがないと考え、単色の携帯電話をつくり、大ヒットさせた。以降、部材が違っても同じ色にするデザインが当たり前になった。このエピソードをもとに、鈴木氏と佐藤氏はこう語るのだ（「四季報」〇九年冬号より引用）。

**鈴木**　担当している人間は、どんどん細かいところに入り込んでいく結果、その商品にとって、本当に大切なポイントは何かということが見失われるのですね。

**佐藤**　何銭コストを下げるというのは会社にとっては大切な問題でしょう。しかし、そこだけにこだわってしまうと、新しいアイデアは出てきません。素人の目線で、「どうしてこうなっていないのだろう」「もっとこうならいいのに」という素朴な疑問を解決しようとすることが、新しいものを生み出すこと、つまりクリエイティブにつながると思います。

売り手やつくり手の論理で当たり前のことを続けている限り、顧客の心理を刺激する新しいものを生み出すことはできない。「素人の目線」でとらえ直し、顧客にとって当たり前のことを実践すれば、ヒットに結びつけることができる。

二人の対談は、新しい価値を顧客にアピールするためのコミュニケーション力の大切さへとテーマが移る。そして、伝えるときに何が重要であるか、二人はこう語るのだ。

**鈴木**　商品のアピールの仕方でも、全体像がなく単発に終わっていては、なかなかブランドイメージを確立するまでには至りませんね。

**佐藤**　私がかつて広告会社にいて限界を感じたのも単発で終わる広告キャンペーンでした。コマーシャルを打つことも大切ですが、最も重要なのは、その根底に流れるフィロソフィーができているかどうかなのです。

いかに伝え方のテクニックが巧みでも、基本的な考え方や全体を貫く信念あいまいなままでは、本質的なものは伝わらない。顧客にとって当たり前のことを当たり前に実践するという自分たちのフィロソフィーがしっかりしていれば、表面的な伝え方を超えたところで顧客とのコミュニケーションを結ぶことができる。

ただ、変化の時代には、顧客にとっての当たり前は常に変化する。その変化をどうとらえるか。生活感覚の大切さを鋭く鈴木氏に触発されるように、当代きってのクリエイティブディレクターもこう答えるのだ。

**佐藤**　私は高校2年でクリエーターになろうと決めたときから、「時代の先を読もう、読めなくては駄目だ」と思ってきました。基本的にアイデアやインスピレーションは日々

**の生活の中にあり、生活者としての自分と、それを外から見ているクリエーターの自分がいます。**

「素人の目線」でとらえる生活感覚と同時に、それを客観視する目線。本書を読み終えた読者はこの二つの目線をすでに身につけていることをここに保証したい。

＊

本書は主にビジネス雑誌「プレジデント」のために行った大量のインタビューをもとに構成したものです。

著者は前著『鈴木敏文の「本当のようなウソを見抜く」』の後書きで、鈴木氏がどのような質問を向けても、明快な答えが即座に返ってくることから、「〝汲めども尽きぬ知恵の泉〟を思わせる」と評し、「本書を書き終えてはっきりしたのは、また新たなテーマを設定し、さらなる知恵を汲み出す仕事を次の宿題として課されたことだ」と書き記しました。いまここに、その宿題をやり終えることができました。

最後に鈴木氏へのインタビューをはじめ、中国・北京を含めた現場での取材など、鈴木流心理学経営の真髄を探るための時空間を共有した同志であり、本書の企画にも切り口鋭いアイデアを提供してくれたプレジデント誌編集次長兼書籍部長の桂木栄一氏に感謝の意を表します。

また、原稿の作成に不可欠な取材データの作成では、メディアミックス＆ソフトノミックスのトランスクライバー市川美奈、浦山孝子、大澤優子、大石玲子、河野郁代、坂上都子、藤平潤子、浪川詠美子、森本真弓の各氏にご尽力いただきました。鈴木氏へのインタビューの設定や資料収集、周辺取材などさまざまな調整では、セブン＆アイ・ホールディングスの関係者の方々に多大なお力をお借りしました。ここに御礼申し上げます。

そして、多忙な日々の中、いくたびもインタビューの時間を提供していただいた鈴木敏文氏には心から謝辞を述べなくてはなりませんが、その労に報いる最良の方法は今後もその知恵を汲み出し続け、新たなテーマのもとで広く読者に伝える任をまっとうすることでしょう。そのテーマも必ず読者の期待に応えることをここにお約束したいと思います。

勝見　明

二〇一〇年三月

◆参考文献

『朝令暮改の発想』鈴木敏文著　新潮社　2008年
『挑戦　我がロマン』鈴木敏文著　日本経済新聞出版社　2008年
『鈴木敏文の「統計心理学」』勝見明著　日経ビジネス人文庫　2006年
『鈴木敏文の「本当のようなウソを見抜く」』勝見明著　日経ビジネス人文庫　2008年
『セブン－イレブンの「16歳からの経営学」』勝見明著　宝島社文庫　2008年
『経済は感情で動く』マッテオ・モッテルリーニ著　紀伊國屋書店　2008年
『世界は感情で動く』マッテオ・モッテルリーニ著　紀伊國屋書店　2009年
『行動経済学』友野典男著　光文社新書　2006年
『セイラー教授の行動経済学入門』リチャード・セイラー著　ダイヤモンド社　2007年
『実践行動経済学』リチャード・セイラー／キャス・サンスティーン著　日経BP社　2009年
『行動経済学入門』多田洋介著　日本経済新聞社　2003年
『予想どおりに不合理』ダン・アリエリー著　早川書房　2008年
『あなたはなぜ値札にダマされるのか？』オリ・ブラフマン／ロム・ブラフマン　NHK出版　2008年
『たまたま』レナード・ムロディナウ著　ダイヤモンド社　2009年
『ねじれ脳の行動経済学』古川雅一著　日経プレミアシリーズ　2009年
『みる　わかる　伝える』畑村洋太郎著　講談社　2008年
『イノベーションの本質』野中郁次郎／勝見明著　日経BP社　2004年
『イノベーションの作法』野中郁次郎／勝見明　日経ビジネス人文庫　2009年
『セブン&アイ・ホールディングス　四季報』セブン&アイ・ホールディングス

◉著者略歴

**勝見 明** Akira Katsumi

1952年、神奈川県逗子生まれ。東京大学教養学部中退。フリージャーナリストとして経済・経営分野を中心に執筆・講演活動を続ける。企業の組織運営、人材マネジメントに詳しい。

主な著書に『なぜ、セブンでバイトをすると3カ月で経営学を語れるのか?』(プレジデントブックス)、『鈴木敏文の「統計心理学」』『鈴木敏文の「本当のようなウソを見抜く」』(いずれも日経ビジネス文庫)、『度胸の経営』(三笠書房)、『イノベーションの本質』(日経BP社　共著)、『イノベーションの作法』(日経ビジネス人文庫　共著)など。

# 鈴木敏文の「話し下手でも成功できる」

2010年5月27日　第1刷発行

◉著　者　勝見 明
◉発行者　藤原昭広
◉発行所　株式会社プレジデント社
〒102-8641　東京都千代田区平河町2-13-12
ブリヂストン平河町ビル
電話：編集 (03)3237-3732
販売 (03)3237-3731
◉編集担当　桂木栄一
◉印刷・製本　中央精版印刷株式会社


ISBN 978-4-8334-1934-5 C0034
Printed in Japan